敦煌學與古代西部文化
下冊

齊陳駿 著

目次

下冊

敦煌、吐魯番文書中有關法律文化資料簡介

　　研究古絲路上的法律文化，敦煌、吐魯番文書是寶貴的資料。古代的絲綢之路，在中國境內的主要是經過甘肅省的河西走廊、新疆維吾爾自治區的天山南北麓及塔克拉瑪干沙漠的南北緣。這些地區在古代是中原政權與西北古代少數民族政權爭奪的場所，也是中西文明交流的中繼站。因此，這些地域的文化帶有很濃厚的西部特色。但是，在漫長的歷史發展過程中，強盛的中原王朝不斷向西部伸展，由河西設立四郡到在天山南北設立郡縣及羈縻州府，使中原的文化不斷傳入古稱西域的區域。中原封建的法律文化自然也就因之在這些地區逐步傳播，許多封建王朝的法律在這些地區實行。在這些地區，古代留下來的文獻甚少，過去的研究者總因資料不足，無法進行探討。而敦煌、吐魯番文書的發現，卻為我們了解這個地區的政治、經濟、文化等各個方面提供了最直接的資料。我們探索古西域的法律文化，也就不得不先來介紹這方面的內容。

　　所謂法律文化，狹義來說，主要指的是立法、司法的狀況。如從廣義來說，其實是包括了社會生活各個領域內的全部內容。因為自進

入階級社會以後，統治階級為保有自己的特權和地位，在政治、經濟、文化等各個方面訂立了許多法律和規範，藉以鎮壓被統治者的反抗，維護封建秩序。在敦煌、吐魯番文書中，除了佛經、文學作品之外，可以說都與法律文化有關。就是佛經、文學作品，從某種意義來看，它也是反映了統治階級意願、要求的東西，也帶有法律文化的內容。在這裡，我只簡要介紹一些有關法律的文書和與法律緊密相關的政治、經濟及審判案件的資料。

一

敦煌、吐魯番文書，從時代來說，大約是前涼到五代、宋初時期的遺留，即四世紀中葉至十一世紀初。在此之前，在今新疆維吾爾自治區及甘肅河西走廊曾發現過一些簡牘，其中也有涉及法律文化方面的記載，如武威發現的《王杖詔令冊》，就是記載漢代國家頒布的尊老養老制度的法令。因不屬於敦煌、吐魯番兩地文書的範疇，故在另文中闡述。這裡只介紹敦煌、吐魯番文書中的法律文書和與之有關的資料。

中國封建社會自秦始皇統一全國後，即在原秦國的基礎上制訂了統一的法律推行於全國。漢繼秦制，在秦律的基礎上加以擴大，有所謂「九章律」、「傍章律」、「越宮律」等等，在形式上，除律之外，還有令、科、比等等。經魏晉南北朝而至隋唐，有《開皇律》、《大業律》、《武德律》、《貞觀律》、《永徽律》等等，這些都是在前代的基礎上加以修訂而成的。流傳至今的《唐律疏議》，即是唐高宗永徽三年（652）由長孫無忌等對《永徽律》逐條逐句進行註釋，頒行天下，作為統一的唐王朝通用的法律。從法律的形式來看，這時已發展為律、令、格、式四種。所有這些，反映了中國封建社會到隋唐時期法律體系已非常系統化和周密化了。

在敦煌、吐魯番發現的文書中，未見有唐以前有關法律條文的寫本。有關法律條文及律疏、令、格、式的抄本，都是唐律的遺留。劉俊文同仁曾撰有《敦煌吐魯番唐代法制文書考釋》一書，收錄了各類法典寫本二十八件，其中律十件，律疏六件，令二件，格五件，式四件，令表式一件。茲介紹如下：

關於律，共十件：

一、《名例律》三個殘卷，皆出於敦煌。分別藏於俄羅斯科學院聖彼得堡東方文獻研究所和英國圖書館。都是殘存的片斷，最長的一卷十五行。另兩卷為五行，一為二行，經核對，是《名例律》中《十惡》、《八議》、《同居相為隱》、《官戶部曲官私奴婢有犯》、《化外人相犯》、《本條別有制》，《斷罪無正條》等七條。

二、《擅興律》二個殘卷，皆出自吐魯番。一藏日本龍谷大學圖書館，一在德國東方學與亞洲歷史研究所，分別為八行、十一行兩卷。內容有《征討告賊消息》、《主將守城》、《非公文出給戎仗》三條。

三、《賊盜律》一個殘卷，分成兩個碎片，出於吐魯番，現藏日本龍谷大學圖書館，僅只三行，記錄了《知略和誘和同相賣》條。

四、《詐偽律》，亦出吐魯番，現藏日本龍谷大學，一卷分成兩個碎片，僅三行，錄《偽造御寶》、《偽寫官文書印》兩條。

五、《職制律》有兩個卷子，皆出敦煌，一在中國國家圖書館，一在法國國家圖書館。國圖一卷，僅三行，載《乘驛馬私物》、《長官及使人有犯》兩條。法國藏一卷，不僅抄錄《職制律》，還抄錄了《戶婚律》、《廄庫律》，其卷較長，共十紙一百七十一行。《職制律》中，起《大祀散齋弔喪》條，至《稱律令式不便於事者》，共五十一條。

六、《戶婚律》，同上卷，起《脫戶》至《嫁娶違律》，共四十一條，記錄了唐律中《戶婚律》的全部內容。

七、《廄庫律》，同上卷，起《牧畜產課不充》，訖《乘官畜車私馱》，只四條。

八、《捕亡律》，是一斷片，十四行，出自敦煌，現藏於倫敦印度事務部圖書館。起《主守不覺失囚》，止《知情藏匿罪人》，共錄四條。

《唐律》共十二篇五百零二條。在敦煌吐魯番文書中，除去重複，現已知道有八篇一百一十三條作了抄寫。

唐代的律法，從高祖武德年間開始修訂，至高宗永徽年間進呈律疏，基本上已經定型。但後來在武后、唐玄宗時也曾作過一些修訂。發現的十件文書，大多都是抄寫永徽年間的律文，其中只有兩件似乎能確定出更具體的年代，一是《捕亡律》，因未避唐高宗李治的諱，研究者以為是唐太宗貞觀年間的抄本。另一是藏於法國巴黎圖書館中長達一百七十一行的卷子，其中有武后所制的許多新字，因此，該卷應是武后執政時期的抄本。武后執政時，據《舊唐書‧刑法志》載，在垂拱元年（685），她曾命裴居道等刪定律令，改律二十四條。所以，此卷應是垂拱律無疑。

敦煌吐魯番發現的文書中，律疏為六件：

一、《名例律疏》殘卷有三個。其中兩卷出自敦煌，一藏巴黎法國國家圖書館，有一百零四行，為律疏卷一《名例‧十惡》條之一部分。一藏北京國家圖書館，存一百四十八行，起《名例‧官當》條至《除名》條。另外一卷出自吐魯番，現藏新疆維吾爾自治區博物館，存四十一行，起《稱日者以百刻》條至《稱加者就重》條。

二、《職制律疏》斷片一卷，出敦煌，藏巴黎法國國家圖書館，僅存十二行，起《合物御藥有誤》條，訖《乘輿御服持護修整不如法》條。

三、《盜賊律疏》斷片，出敦煌，藏倫敦英國圖書館，僅存八行，

僅載《謀反大逆》條。

　　四、《雜律疏》殘卷，亦出敦煌，今下落不明，錄文見《敦煌石室碎金》，有八十行，起《毀人碑碣、石獸》條，訖《得宿藏物》條。

　　六件律疏，除《職制律疏》為永徽年間所寫，其他幾件都是開元年間的抄本。

　　令有二件，均出於敦煌，現都藏於巴黎法國國家圖書館。其中一為《東宮諸府職員令》殘卷，存二百一十五行，起《司經局》，止《王公以下府佐國官親事帳內》，是有關東宮、王府職員設置人數的標準。此卷標明為《令卷第六——東宮諸府職員》，最後有「永徽二年刑部郎中賈敏行上」等字樣，是永徽年間所定之令。另一為《公式令》，存一百零四行，上有「涼州都督府印」，其中載有《移式》、《關式》、《牒式》、《符式》、《制授告身式》、《奏授告身式》等官文書的書式。其中有「左丞相」、「右丞相」等官名，應是唐玄宗開元六年官名改稱後的抄本。

　　格共五件，一為《散頒刑部格》殘卷，出於敦煌，被分割成兩段，一藏法國，一在英國。全卷一百二十行，第一行有「散頒刑部格卷」六字，二行有「銀青光祿大夫、行尚書右丞、上柱國臣蘇瓌等奉敕刪定」的記載，應是中宗神龍年間所定。其中有「偽造官文書印」等有關處罰十五條。二為《垂拱格後敕》，出吐魯番，現藏柏林東方學研究所，僅十六行。內容都以「敕唐德宗即位時」字開頭，是有關百官奏事、出入門及三省補令史等規定。從其中「文昌臺郎官」等名稱推斷，係武后改官名後所定。其中又不避玄宗李隆基的名諱，則其時代應是在玄宗即位之前。因此，研究者定為武后「垂拱」定格後的敕，又稱《垂拱後常行格》。三為《開元戶部格》，出敦煌，現藏倫敦英國圖書館，存六十九行。抄本中記有高宗、武后、中宗及玄宗時的敕令。《唐

六典》記載，「格以禁違止邪」。這六十九行的抄本，多是有關戶部職掌之內的戶口、土地、賦役等的一些「禁違止邪」的敕文，應是戶部格，共有十七條的禁令。四為《職方格》，出自敦煌，現藏北京中國國家圖書館，僅存七行，其中規定鎮戍、烽火違時失宜的處罰，應是屬兵部職方郎中職掌範圍，故人稱《職方格》。五為《兵部選格》，出於敦煌，現藏法國，存十八行。內中即有「兵部格」和「開元七年」字樣，是關於武選的選人資格、年資等一些規定。

式有四件。一為《吏部式》，出自敦煌，現藏法國，存九行，殘留有「涼州都督府之印」，是有關對隋代官員敘階及子孫用蔭的規定。因文中提到唐高祖「武德」的年號，懷疑是太宗貞觀年間的吏部式。二為《度支式》，共兩卷，皆出吐魯番，都藏新疆博物館。其中一卷是兩個殘片，合存十九行。是有關庸調之徵輸、折納、分配的一些規定。其形式如《水部式》，故研究者以為是「度支式」。另一卷，有六個碎片，存十一行。殘碎太甚，只見其中有「輕稅人」、「申度支」字樣，又與前一卷同出一墓，可能也是「度支式」。三為《開元水部式》殘卷，出敦煌，現藏法國，共存一百四十四行，《白氏六帖事類集》曾引《水部式》的條文，此卷內即存有引文的全部內容，所以應是《水部式》無疑。其內容是關於全國各地水利建設、修渠、造堰、用水、管理等方面的規定。

律、令、格、式是唐代法律的四種主要形式。《唐六典》說：「律以正刑定罪，令以設範立制，格以禁違止邪，式以軌物程事。」經過一千多年的時間，唐代留下《唐律疏議》一書，律和律疏都整齊、完整，但留下的令、格、式則幾乎沒有，只在一些唐人著作中有片段的引文，發現的敦煌吐魯番文書不僅有律、律疏，還有比較完整的令、格、式，使我們更具體地了解到唐代立法的狀況和行政組織、公文往

來、事務處理的規程。還要提到的是，敦煌吐魯番文書中，除了上述的一些法律形式以外，還曾發現有一卷《天寶令式表殘卷》，出於敦煌，現藏法國巴黎圖書館。用表格的形式節錄了天寶時期的田令、祿令、假寧令、公式令、品官令、祠部式和吏部式。這種形式，一般是有關部門為能依法行事，製成表格，貼在牆上，以便尋覽。這卷文書大概是敦煌地方官府所制的表格，所以其中包含了各個部門的令式。

　　二

　　在發現的敦煌吐魯番文書中，除了抄寫律、令、格、式等由國家頒布的條文、規範之外，還有許多地方政權的官府文書。這些官文書有些是地方割據政權所頒布的制度，或者是推行這些制度而留下的公文；也有些是地方政權執行中央政權法令而留下的各種記錄。這些官文書都是與法律文化有密切的關係的。

　　在歷史上，敦煌、吐魯番地區曾隸屬於前涼、前秦、後涼、北涼、西涼、高昌王國等地方割據政權。因此，在發現的文書中，這幾個「涼」及高昌王國的文書甚多，特別是吐魯番出土文書中，有好幾百件，分別收在《吐魯番出土文書》第一、二、三、四冊中。不過，要說明的是，吐魯番文書大多都是墓葬用來糊作紙柩、紙鞋、紙帽的，所以殘損太甚，其中完整者為數甚微，但就這些文書，也給我們提供了當時推行各種政令最直接的資料。

　　有關前涼、前秦、後涼、西涼、北涼幾個政權的法令，《晉書》中沒有作專門的記述。《十六國春秋》中亦只是簡略地記述了這些政權興亡的過程，至於推行了什麼樣的政令，不甚清楚。但在吐魯番文書中，我們卻看到了這方面的記錄。據《晉書》所載，前涼統有河西及吐魯番時，增設郡縣，首次在今新疆地區立郡，即設置了高昌郡，這是新疆歷史上的大事，也是前涼建制史上的大事，吐魯番出土的《前

涼王宗上太守啟》的文書，就直接證明了這件事情。而這件文書也可作為當時吏民上書太守的一份書儀，類似後代「式」中的一種。前秦、後涼統治這兩地區時間雖短，但也遺有《建元二十年（384）韓益為自期召弟應見事》、《倉曹屬為羅八緵布事》等文書。前一件說的是韓益按照前秦所規定的法令，應在限期內送其弟至官府報到服役，如違限則「受馬鞭一百」。後一件說的是倉曹樊霸、梁斌讓人代買緵布未得，統軍、主簿下文催辦。說明前秦政令在這些地區得到有效的執行。至於西涼、北涼的文書，數量就比較多了，涉及政治、軍事的文書如《西涼建初四年（408）秀才對策文》、《西涼建初二年（406）功曹書佐左謙為以散翟定□補西部平水事》、《北涼功曹下田地縣符為以孫孜補孝廉事》、《北涼中部督郵殘文書》、《北涼請奉符敕尉推覓逋亡文書》、《建□某年兵曹下高昌、橫截、田地三縣符為發騎守海事》等等。從這些文書中，我們可以知道，這時在吐魯番設立的高昌郡不僅有田地縣，還有高昌、橫截、高寧三縣，共為四縣。在縣之上，繼兩漢時的建置，有督郵的官員。所謂「西部平水」，應是管理灌溉用水的官員。西涼、北涼儘管地處西陲，從文書可知，高昌郡仍行兩漢的察舉制度，郡舉孝廉、秀才。所有這些都是研究當時職制、選舉制度的直接資料。上列所舉「發騎守海」，據一些研究者的意見，「海」，指的是沙海，是當時西涼、北涼政權為防禦柔然騷擾，徵發兵役，用以戍守邊地。在這一時期的文書中，兵役、徭役文書較多，如戍國、守海、屯田、守水、治幢和代養軍馬、官馬等等。我們可以根據這些文書研究當時兵役方面的各種法規。

　　繼五涼之後，敦煌為北魏所轄，吐魯番地區則進入高昌國時期。在北魏統治時期，敦煌遺書所見官文書甚少，只有在佛經中有一些題記，但在高昌國時期，吐魯番出土的高昌國文書中則非常豐富，涉及

許多方面。僅以地方政權機構設置來看，高昌國的機構源自中原，但
又同中原不盡一樣。從所發現文書得知，許多文書都是門下校郎或某
將軍兼門下事為首的諸官，會同以高昌令尹、某部郎中為首的官員共
行簽署的。細緻分析起來，這是兩個系統的職官。魏晉以來，許多割
據政權都同中原中央政權一樣，曾設立了尚書、中書、門下等省。但
涼州從前涼以後，因稱臣於晉，所以設置的官署，多是「微異其名」，
不敢與中央機構等同。大致說來，中央官職只有丞郎以下的職位。及
至北魏冊沮渠蒙遜為涼王，也只準其任命文官刺史、武官撫軍以下的
官僚。也因此之故，從沮渠氏殘部在吐魯番建立高昌政權開始，其國
就沒有尚書、門下、中書等省的完整體系。文書中所寫的門下校郎一
職，在中原是中書省下稱中書校郎的官員，其任務是典校諸官府及州
郡文書。高昌國沒有中書省，故此職並歸門下，它承擔了審核文書、
通傳敕令的職責，是宮中掌管機密的高官。官文書所以先得由它來簽
署。

　　至於高昌令尹一職，從文書來看，它是高昌國各部的首腦。高昌
國沒有設尚書省，而高昌令尹一職大致等於中原尚書省的首腦尚書
令。中原政權尚書令之下設立許多曹，西晉、北魏各有三十六曹，而
高昌國在高昌令部下不稱曹，稱作部，下有吏、庫、祀、兵、民、
倉、庫、屯田、主客等部。因為這是主管多種政令的部門，故在門下
校郎簽後，由高昌令尹所屬各部會簽。

　　從上可以看出，高昌國中樞的官制，它既繼承了漢晉的遺制，又
吸收了諸涼政權的法度，在這兩者的基礎上，將原高昌的地方政權加
以擴大，成為一種獨特的職官制度。

　　到了隋唐時期，高昌被唐王朝所滅，敦煌、吐魯番都建立為郡
縣，敦煌稱沙州，原高昌地區稱西州。在統一的中央政權管轄之下，

行政建制就與中原的郡縣完全一樣了。只是到安史之亂後，吐蕃占有河西、隴右。後來，沙州張議潮又發動起義，河西、隴右為歸義軍所轄。所以，吐蕃及歸義軍統治時期又留下了許多官府的文書。

吐蕃占領時期，敦煌留下了許多漢文、藏文的官文書。近年以來，許多同仁對這些文書進行了研究，作出了可喜的成績。據現在所知，吐蕃在占有河西之後，曾大力推行吐蕃化的政策，在行政體系上，唐代所設的節度使、刺史官職都改名了，吐蕃文書中有乞里本（節度使）、節兒（千戶長）、都督、監軍、部落使、將等職。似乎吐蕃還將敦煌地區分成部落來進行統治，所以文書中有悉董薩部落、曷骨薩部落、絲綿部落、行人部落、僧尼部落、擘三部落、上部落、下部落等名號。甚至在服飾上也規定漢人只準在過年祭祖時穿漢族服裝，其他時間都得穿著蕃服。

在敦煌發現的吐蕃文書中，有《古藏文歷史文書》、《倉曹會計牒》、《左二將百姓氾履倩等戶口狀》、《左三將納丑年突田曆》、《沙州諸戶口數地畝計簿》等等。涉及了吐蕃統治河西時期的政治、軍事、賦稅、宗教等各方面問題。其中如「突田」一詞，研究者以為吐蕃亦行計口授田制度，一突十畝，突為土地面積的計數。在此基礎上，吐蕃按土地收「地子」和突稅。值得注意的，還有直接與律法有關的一些文書，藏於法國的有《狩獵傷人賠償律》、《縱犬傷人賠償律》、《盜竊追賠律》。研究者認為，這是吐蕃進入階級社會之後，效法李唐王朝，在農牧並重時代所制定的法律。其中說到吐蕃將官員等級分為九級，有大玉告身、小玉告身、大金告身、小金告身、金間銀告身、大銀告身、小銀告身、大銅告身、小銅告身、鐵告身。不同身分的人，狩獵傷人、縱犬傷人等等有不同的賠償價碼。如最高的大玉告身家族親人非狹仇狩獵相傷，或被百姓以上有告身人射中，死者賠償銀一萬

兩，傷者銀五千兩；王室家臣一切庸（指吐蕃軍事奴隸中從事勞動的
階層）被大論以下因狩獵射中，如中箭身亡賠銀二百兩，受傷未亡，
賠一百兩。身分不同，命價也不同。這些律令，直接反映了吐蕃奴隸
主階級的意願。文書於敦煌發現，説明敦煌也推行了這種法律。

在吐蕃統治時期，在敦煌發現的文書中，很多都是有關寺院裡的
事情。在這些寺院文書中，涉及了寺院內部的階層劃分，寺院中帶有
極其濃厚的人身依附關係的隸農的生活和生產狀況、僧人遺產的糾紛
和處理等等，應當説也都是與律法相關的。如其中涉及寺院中稱為「寺
戶」的隸農，不列於吐蕃部落的官府名籍中，隸屬於寺院衙門「都僧
統司」。這些隸農都要為寺院輪番服役，耕種寺院土地，交納「突
課」、「差役」。而且，「寺戶」是「當色為婚」，如要免除寺戶身分，
需要經過「放免」的手續。所有這些，使我們對吐蕃統治下寺院中的
經濟關係和律法規定有了更深刻的了解。吐蕃這些法律，它與唐律所
規定的「部曲」、「家客」、「奴婢」是否相關，這也是我們值得研究的
一個課題。

吐蕃統治在唐末為張議潮推翻之後，敦煌進入了歸義軍節度使統
治時期。在唐末五代時，中原戰亂頻繁，無暇西顧，歸義軍名義上臣
屬於中原王朝，但實際上處於半獨立的狀態。歸義軍轄地原來包括河
西走廊及今新疆東部地區，而後來許多地方勢力強大，自立政權，如
西州、甘州出現了兩個回鶻政權，在涼州出現了漢蕃混合政權。因
此，反映在敦煌文書中，既有歸義軍上表中原王朝，推行中原政令的
文案，也有據地稱雄，號稱白衣天子或大王，自行其是的記載。還有
歸義軍統治瓜州、沙州時增設軍鎮，與甘州回鶻、吐渾、嗢末和戰的
記錄。這些都涉及了歸義軍統治時期地方政權的建置、土地關係，以
及賦役情況等方面的法制。歸義軍代替了吐蕃統治敦煌，有許多制度

改變了，各部落制改成了鄉里制，然而吐蕃篤信佛教，有關寺院的許多規定卻被繼承了下來，如上面所説到的「寺戶」，仍是寺院的依附人口，給寺院納課、服役，只是到了後期，差役減輕了，逐漸同世俗地主一樣，形成了租佃的關係。

在敦煌、吐魯番文書中，除了地方割據政權的官文書之外，更大量的應是中原政權所屬各州縣的文案和記錄。特別是在唐代，敦煌、吐魯番兩地均同內地州郡一樣，各種政令都在這裡推行，官文書的內容極其豐富。在政治方面，有地方向中央匯報地方狀況的《申報河西情狀》，有《張議潮進表》，有《唐永淳元年（682）氾德達飛騎尉告身》、《天寶十四載騎都尉秦元告身》、《羅法光受度告牒》、《敕歸義軍度牒》、《唐高昌縣勘申應入考人狀》等，這些都是有關政治任命、人員身分和地方選舉的檔案。敦煌、吐魯番兩地，均是唐代西部的邊防要地。因此，在這兩個地區有關軍事鎮戍、府兵建制、屯田開墾的文書甚多，如《唐永隆元年（680）軍團牒為記注所屬衛士征鎮樣人及勳官簽符諸色事》、《唐史衛智牒為軍團點兵事》、《武周天山府為追校尉以下並團佐等分番到府事》、《唐開元十年（722）伊吾軍上支度營田使留後司牒為烽鋪營田不濟事》、《唐開元十一年（723）狀上北庭都護府所屬諸守捉墾田頃畝牒》、《唐納職守捉使屯種文書》、《河西都防禦招撫押蕃落等使牒》等等。還有許多與軍事鎮戍有關的文書，如征鎮諸色人等名籍、衛士配馬文書、點人上烽文書、軍府市馬文書、車坊和長行坊文書等等。值得注意的是，在敦煌、吐魯番發現的文書中，還有如今日的身分證和護照之類的「公驗」和「過所」，如《唐垂拱元年（685）康藝羅施請過所案卷》、《武周府陰正牒為請給公驗事》、《唐開元二十年（732）瓜州都督府給西州百姓游擊將軍石染典過所》、《唐開元二十一年（733）唐益謙、薛光泚、康大之請給過所案卷》等等。後

一件中，唐、薛兩人的事情記載得比較完整。唐益謙一案，說的是他原從四鎮帶奴兩人，婢兩人，馬四匹，擬回福州，路上失落「過所」。同時在路上又買來四個奴婢，附有市券，請按驗補發「過所」，以便經過玉門、金城、潼關等處查驗。薛光泚則擬從西州返回老家甘州，同行的有老母、妻室，並有驢十頭，原已發給「過所」，因病未行，隔年病好，請改給「過所」。這兩件事使我們清楚地知道，唐代西州人進入內地，必須持有「過所」，在申請時，既要證明自己的身分、同行人之間的關係，奴婢是否有保人、市券，牲口是何種毛色等等，也規定有效時間。一一核實，才能動身。所經過的鎮戍、關津，經查驗簽證，方可放行。由此可見，唐代在邊防上的各種法制是非常嚴密的。

在經濟方面，唐代的文書數量最多。如果說在唐之前，兩地只發現了一些戶籍、計帳，如《西涼建初十二年（416）敦煌郡敦煌縣西宕鄉高昌里籍》、《西魏大統十三年（547）敦煌地方計帳》等等，而唐代的文書則包括戶籍、土地、賦役、租佃、市制等各個方面的內容。土地一項，其中有民戶給田、欠田、退田文書，還有官田、職田、驛田、屯營田、公廨田文書。在賦稅文書中，有租庸、戶稅、地稅、青苗、色役、雜徭、貲課、和糴、和市等各種項目。所有這些文書，都是與唐代的土地、賦役制度緊密相連的。在敦煌、吐魯番文書發現之前，我們只知道史籍上一些有關制度，如均田、租庸、兩稅等等，但到底如何具體推行，都是不甚清楚。甚至對均田制的推行也有人提出懷疑。可是，當這兩地文書公布以後，唐行均田制的疑問解決了。因為不行均田，何來給田、欠田、退田的記錄？《唐代敦煌差科簿》的發現，為我們研究唐代前期色役制度提供了典型的材料，「色」就是「類」的意思，色役就是某一種徭役由某一種身分的人來擔任，如「執衣」由中男充當，「納貲」是勳官或勳官子弟才能以資代役，「土鎮兵」

則以壯年的白丁為主,「府史」、「郡史」、「縣史」等由品子及勳官的人擔任。而職事官及老男、篤疾、僧人、學生,則是免除色役的。再如唐有市估法,只知「三賈均市」,但具體如何定估,起何作用,史無明載。敦煌的吐魯番文書中的《唐沙州某市口馬行時估》、《天寶二載交河郡市估案》,使我們了解到各地都行每旬定估,分上、中、下三等,即每一種貨物有三個品種,每一品種都分三個價格。這種價格是根據當地民間行市估定的。定估之後,不僅對民間交易有約束作用,即上浮不得高於上估,下跌不少於下估,同時,也作為官方買賣、折算租稅、平贓定罪的依據。

無論是割據政權,還是中原統轄下的地方政權,在敦煌、吐魯番發現的官文書中,很多都涉及了政治、經濟、軍事等各方面的法律制度。有的填補了史籍所載的遺漏,有的則使我們看到了一些法律制度在執行過程中的狀況。在中國法制史研究中,這是一份值得我們進一步去挖掘的遺產。

三

在敦煌、吐魯番遺書中,有關法律的文書,令人感到最有興趣的是一些訴訟的案卷和地方政權將許多判詞收集在一起的判集。前者使我們了解當時訴訟的程序,處理案件的法律依據。後者則使我們具體地知道當時地方政權要處理的各種各樣的問題,以及如何按法評判,寫出符合規格的判詞。

關於訴訟的文書,據現在初步判斷,已有幾十件之多,比較完整的,如《唐貞觀年間西州高昌縣勘問梁延臺、曹隴貴婚娶糾紛案卷》、《武周天授二年(691)安昌合成老人等牒為勘問主簿職田虛實事》、《唐年次末詳西州寡婦梁氏辭》、《唐西州高昌縣上安西都護府牒為錄上訊問曹祿山訴李紹謹兩造弁辭事》、《唐寶應元年(762)康失芬行車傷人

案卷》、《吐蕃丑年（821）沙州僧龍藏牒》、《後晉開運二年（945）十二月河西歸義軍左馬步都押衙王文通勘尋寡婦阿龍還田陳狀牒》等等。這些文書都涉及有關唐代、吐蕃、後晉時期的各種律法。如唐初貞觀年間婚姻糾紛案卷，主要是涉及唐律中是否「以妻為妾」，或者是「女家妄冒」的條文。因文書殘闕，不甚清楚審理的結果。再如職田的案卷，是關於天山縣主簿高元禎是否營種了還公、逃犯、絕戶的田地的問題，文書有二十多件。按唐戶婚律規定，老年、逃死、戶絕的土地都應還公，不得自行侵占，如果「諸在官侵奪私田者，畝以下杖六十，三畝加一等。……罪止徒三年」。這件事的告發者是天山縣安昌城人唐建進，西州都督府讓天山縣對此事進行了審勘。從案卷所知，調查了安昌城「知水」、安昌城老人、里正及佃戶等等，核對了高元禎所種職田的具體方位、畝數。最後的結果，因文書已殘，無從知道，但從此可見，唐代的法制在天山縣是得以貫徹執行的。

如果說上兩種案子因文書殘闕，沒有見到最後的判決，使人感到遺憾，那麼，寡婦梁氏、曹祿山訴狀、康失芬行車案及寡婦阿龍還田狀四件，都有調查後的判詞，使人比較完整地了解訴訟的前後經過及最後的處理情況。寡婦梁氏一案，說的是西州寡婦梁氏，家無人力，將葡萄園租佃給卜安寶，應按時覆蓋，以免寒凍，但佃人未蓋，因此梁氏上訴官府。經過官府批示，勒令蓋復。曹祿山訴狀案比較複雜，說的是唐高宗時期，居住京師的胡人曹祿山向西州都督府提出申訴，說是漢人李紹謹在弓月城向其兄曹延炎借絹二百匹，另曹延炎還有駝二頭、牛四頭等許多財物。李紹謹與曹延炎同去龜茲，但未到達，不知下落。因此，曹祿山追查其兄下落及財物，要求官府解決。這個案卷分八個殘段，雖有殘闕，但基本情況是清楚的。此案交由高昌縣審理。經兩相對質、調查，因曹延炎與曹畢娑「相打」被捉，只有李紹

謹按原定計划去了弓月城。李紹謹承認曾向曹延炎借絹一事，前不知曹祿山即為延炎之弟，今已明確，願意償還本利二百七十五匹。這個案卷是高昌縣向西州都督府報告的文件。這個案卷說明，唐王朝的律法在高昌、弓月都得以執行。同時，曹為胡人，李為漢人，兩人結伴去弓月興販，並且曹給李借絹二百匹，是一件胡漢兩族間的糾紛。儘管如此，當地官府並不因為曹為胡人，偏袒漢族，而是不分胡漢，根據律法進行調查對質，給予公正的處理。

康失芬一案，是唐肅宗末年西州發生的事情。說的是處密部落百姓靳嗔奴任用扶車人康失芬去城外運土，在回到城南門口時，因用的是借來的車牛，不諳性行，以致失控，輾傷坐在張游鶴店前的兩個孩子金兒和想子，因此，孩子父母上告州府。經過勘問，靳嗔奴及康失芬承認事實，「情願保辜，將醫藥看待，如不差身死，情求準法科斷」。州府判詞為「放出勒保辜」。

寡婦阿龍還田借狀牒的文書，是關聯到土地所有權的案件。其中說到，寡婦阿龍，夫主早喪，有男名義成，犯法遭瓜州，家中原有口分地三十二畝，義成出去時賣掉十畝，留下二十二畝交由伯父索懷義佃種。後來，索懷義弟弟索進君從賊中回來，並偷得賊馬，交給官府一匹，受到獎勵。同時，進君又「分居父業」，將原在索懷義名下的二十二畝劃給進君。可是，索進君因久居部落，「不樂苦地」，很快離開了家鄉。此地便為索懷義子佛奴所種。寡婦阿龍在兒子義成死後，與孫子幸通生活困難，所以上書歸義軍衙門，要求收回土地。此案交由左馬步都押衙王文通「細與尋問」。王文通勘問了索懷義、佛奴的記錄，並附有見人簽字的當年給索懷義佃種的契約。最後判詞是，如進君不再回來，「其地便任阿龍及義成男女為主者」。這一案卷，詳細地記載了歸義軍衙門審理、調查、取證的整個過程。特別要提到的是，

當年義成外出，交由伯父佃種，有見人簽字的佃種契約，寫明義成回來，「卻收本地」，是此案最有力的證據。在敦煌、吐魯番的文書中，有大量的租佃契約，一般是由田主及佃種人、「知見人」共同簽字的，有的預收租價，有的秋後分成。這種契約是為官府承認的。

　　說到契約，在敦煌、吐魯番文書中，除佃種文書之外，還有許多借貸文書，有借糧食的，有借錢的，借絹帛的，雇駝的，僱人上烽的，這些借貸文書中，有的寫明按月生利，有的以家產作保證，有的以勞力代償債務，類型是多種多樣的。按《宋刑統》所載雜令：「諸公私以財物出舉者，任依私契，官不為理。每月取利不得過六分，積日雖多，不得過一倍。」「諸以粟麥出舉，還為粟麥者，任依私契，官不為理，仍以一年為斷，不得因舊本更生新利，又回利為本。」這裡說明私契具有法律效力，只有超過官府所規定的利率，允許提起申訴。同樣，租佃契約亦應具有法律的效力。

　　在敦煌、吐魯番發現的文書中，官府留下的一些判集，則是我們了解當時判案應如何引徵律令條文，如何撰寫判詞的直接資料。這些判集中，比較完整的有《文明判集殘卷》、《開元廿四年（736）岐州郿縣尉□勳牒判集》、《河西巡撫使判集》、《麟德安西判集殘卷》、《開元判集殘卷》等等。在這些判集中，有的是如《龍筋鳳髓判》的判詞範文，如《開元判集殘卷》就是這種文書。唐代判詞多是用駢體文撰寫的，講究四六對仗，音韻鏗鏘，辭藻縟麗，排比典故。這件判詞文書充分運用了這一文體，但其中沒有具體所指的內容，如「王乙門傳鐘鼎，地列子男，化偃百城，風高千里。妻妖舞雪，翠郁重山之眉！誕育仙娥，慶荷懸帨之兆」。又如「父母之喪，三年服制，孝子之志，萬古增悲。朝祥暮歌，是褻於禮。以哭止樂，斯慰所懷」。讀起來很有韻味。

在發現的文書中，有一種與判詞範文相類似的，但又結合當時一些事實的判集，如被伯希和掠走的《文明判集殘卷》，現存二百零一行，有十九個判詞，其中一個殘闕。在這十八個判詞中，用的姓名是古代的人名，而這種事例則在當時亦可能發生。例如其中一判說到，石崇殷富，原憲家貧，崇用百錢雇憲濤井，井崩壓憲致死，崇不告官，棄憲屍於門外，於是捉崇請斷。官府以為「執崇雖復送官，仍恐未窮由諸。直云壓死，死狀誰明？空道棄屍，屍仍未檢。檢屍必無他損，推壓復由根由，狀實放可科辜，事疑無容斷罪，宜勘問得實，待實量科」。又如其中說到，趙孝信妻張氏，原有安昌郡君誥身，夫主犯法，張不知情，不服奪去告身，判詞是：「皮既斯敗，毛欲何施，疑云不委夫姦，此狀未為通理。告身即宜追奪，勿使更得推進。」又如其中一判說到，長安縣人史婆陀，資財巨富，身有勳官驍騎尉，奢侈違制，其親弟頡利家貧壁立，被鄰居告發一案，判詞是：「奢之罪，律有明文，宜下長安，任被科決。」至於對其弟頡利「分兄犬馬之資，濟弟倒懸之命」。

在敦煌、吐魯番發現的文書中，直接判決當時實人實事的判集，現已知曉的有《麟德安西判集》、《岐州鄏縣尉□勳牒判集》、《河西巡撫使判集》等等。《麟德安西判集》出於敦煌，現藏巴黎。其中判文六道，共八十一行。其中有伊州人元孝仁、魏大師造偽印事，裴都護左右私向西州事，伊州鎮人侯莫陳請安西效力事等等，大多是關於軍事方面的判詞。《岐州郡縣尉□勳牒判集》亦出於敦煌，現存巴黎，共九十五行，判文八道。內容有「不伏輸勾徵地稅及草」、「許資助防丁」、「判問宋智咆悖」等案。《河西節度使判集》是判集中留下文字最長，判事最多的文書，共有二百八十八行，有四十八件事情，其中一件不完整，完整的四十七件。據近年來學者的考證，這巡撫使是唐代宗永

泰元年（765）河西節度使楊志烈被沙陀殺死後的繼承者，有的認為就是四鎮節度使馬璘。從判集所涉及的內容看，多是河西地區軍政、稅收、支出等事。例如，其中一判是：「肅州請閉糴，不許甘州交易」，判文是「鄰德不孤，大義斯在，邊城克守，小利須通，豈唯甘、肅比州，抑亦人煙接武，見危自可奔救，閉糴豈曰能賢，商賈往來，請無雍塞，粟麥交易，自合流通」。又如「沙州地稅，耆壽訴稱不濟，軍州請加稅四升」一條，判文為：「艱難之時，倉廩虛竭，耆壽計料，準合權宜，歃別稅四升，計亦不損百姓，兼之官吏，各處田苗，立限徵收，並須戮力。」再如「瓜州別駕楊顏犯罪，出勖斗三百石贖罪」條，其判文為：「楊顏所犯，罪過極多，縱不累科，事亦非少。既願納物，以用贖刑。正屬艱難，打煞何益！雖即屈法，理貴適時。犯在瓜州，納合彼處，事從法斷，義不可移，既有保人，任出輸納。」其他還有「豆盧軍請西巡遠探健兒全石糧」、「思結首領遠來請糧事」、「瓜州尚長史採礦鑄錢置作」等等。這些判文也同唐代其他判文一樣，用的是駢體文，據實引律，作出決定。這些判文不僅是研究唐代律法在河西具體實施情況的資料，也是研究唐代河西與少數民族關係、軍隊供應、賦稅收支等的重要依據。

　　敦煌、吐魯番文書的發現，為我們研究中國中世紀社會提供了直接的資料。文書涉及社會生活的各個方面，而社會生活各方面又都是同律法相關的。在這裡，我們只簡略地介紹了一些與律法關係比較密切的文書，至於這些律法有什麼樣的特點，它的階級實質，以及對後代的影響等問題，則不再涉及了。

（原載《敦煌學輯刊》1993 年第一期）

有關遺產繼承的幾件敦煌遺書

　　在介紹敦煌、吐魯番有關法律文書的同時，我也翻閱了一些有關家庭遺產分配、糾紛的卷子，總算起來，大約有二十多件。這些卷子，對於我們研究唐宋時期家庭發展的狀況，儒家文化對家庭的影響，當時家庭遺產分配的法規，以及民間不成文的習俗等等，都是很有意義的。今提出來略作介紹，以就教於學界同好。

　　在敦煌、吐魯番文書中，涉及家庭遺產分配、糾紛問題的卷子，包括與之有關的分書樣式、遺書樣式、立嗣文書、判案文書，大約有二十餘件，今錄其卷目於下：

　　1.P.3774《吐蕃丑年（821）十二月僧龍藏牒》；

　　2.P.3730《吐蕃寅年（846）正月沙州尼惠性牒》（附洪辯判二通）；

　　3.P.3744《吐蕃年代未詳（840？）沙州僧張月光兄弟分書》；

　　4.P.3410《吐蕃年次未詳（840？）沙州僧崇恩析產遺囑》；

　　5.P.2685《吐蕃年次未詳（828？）沙州善護、遂恩兄弟分家契》；

　　6.S.1132《吐蕃戊申年（828）四月六日沙州善護、遂恩兄弟分家契》；

7.S.2199《唐咸通六年（865）十月沙州尼靈惠遺書》；

8.P.3711《唐大順四年（893）正月瓜州營田使武安君牒》（附判）；

9.P.3257《後晉開運二年（954）十二月河西歸義軍左馬步都押衙王文通勘尋寡婦阿龍還田陳狀牒》；

10.S.2174《唐天復九年（909）董加盈兄弟三人分家契》；

11.S.4489V《宋雍熙二年（985）六月沙州慈惠鄉百姓張再通牒稿》；

12.P.6417《年代不詳（10 世紀前期）孔員信三子為遺產糾紛上司徒狀》；

13.S.4654《丙午年（946）前後沙州敦煌縣慈惠鄉百姓王盈子兄弟四人狀》；

14.P.4992《年代未詳（10 世紀後期）馬軍氾再晟狀》；

15.S.4577《癸酉年（973）十月五日楊將頭遺物分配憑據》。

除以上十五件之外，一些判集中也涉及了兄弟分家、遺產繼承問題，如 P.2942《唐永泰年間河西巡撫使判集》、P.3813V《唐（7 世紀後期）判集》等。

至於立嗣文書和遺書、分書的樣本，還有十來件之多，同樣都説到了家庭財產的繼承、分配的問題，如 P.3443《壬戌年（962？）胡再成養男契》、《沙州文錄補》所收《宋乾德二年（964）史氾三立嗣文書》、S.5647《吳再昌養男契》、S.343《析產遺囑》（樣式）、S.5647、S.4374 和 S.6537《分書》（樣式），S.6537《慈父遺書》（樣式）等等。

綜覽這二十多件文書，我覺得有幾點值得我們注意：

一、從年代來看，這二十多件文書中，有紀年的卷子，最早的是吐蕃統治時期的《龍藏牒》及《沙州善護、遂恩兄弟分家契》；最晚的則是五代、宋初寡婦阿龍及張再通的兩個牒稿。如果將其他涉及家庭遺產繼承、分配的文書、判集都計算在內，最早的應是七世紀和八世

紀的兩個判集。在這段時間裡，敦煌地區先是唐王朝的州郡，至唐德宗統治時期，河西陷蕃，為吐蕃所占有。西元八四八年，張議潮於沙州起義，收復河西，唐以張議潮為歸義軍節度使領河西諸州。此後，唐王朝內部藩鎮割據，人民不斷起義，長安政權再也無力顧及西部，歸義軍事實上形成半獨立的世襲的地方政權，先是張氏，後為曹氏。但不管張氏也好，曹氏也好，為同周邊的回鶻、吐谷渾勢力鬥爭，都向中原政權稱臣納貢。所以，在這二十多件文書中，既有用唐代年號的卷子，有吐蕃統治時期用干支紀年的卷子，也有用五代時期後晉的年號和宋初的年號的卷子。這也就是說，這些卷子分別反映了唐代後期、吐蕃統治時期、歸義軍統治時期的家庭遺產繼承、分配狀況。

　　值得注意的是，在這些有紀年文書中，有唐大順四年、天復九年的記載。昭宗大順只有二年，三年春正月即改元景福；昭宗天復只有三年，四年閏四月即改元天祐，大概因為敦煌邊遠，加以中間少數民族地方政權間隔，不知改元，故按原來的年號順推了。

　　還有三件以干支紀年的文書，即《丙午年王盈子兄弟分書》、《癸酉年楊將頭遺物分配憑據》及《壬戌年胡再成養男契》。用干支紀年是漢、藏兩族都通行的方法。吐蕃占領敦煌時期的文書，大多僅用地支紀年，但也有用天干地支連用的，如 P.2567《吐蕃癸酉年二月沙州蓮臺寺諸家散施曆》、S.1686《大蕃歲次辛丑沙州釋門都僧統□教授和尚畫功德佛像記》等。P.3677《沙州報恩寺故大德禪和尚金霞遷神志銘並序》中有「蕃中辛巳歲五月一日」的記載。歸義軍建立之後，一般多用中原王朝年號，但也有僅記干支的，如莫高窟第 401 窟有「壬午六月五畫畢功記也」。這是曹議金統治時期以隋窟翻修的洞窟。一些民間借契中，也多以干支紀年，如 P.3565《甲子年（904）三月氾懷通兄弟貸生絹契》、S.4454《己丑年（929）十二月陳佛德貸褐契稿》等，另外，

在有關租佃、雇工、賣舍等文書中也是多用干支紀年的。似乎給人這樣的印象，民間私契，大多用干支紀年，官方文書則多用當時年號。當然，這並不是絕對的。我們列舉的這二十多件文書也是不完全一致的，有的記年號，有的記干支。

二、在這二十多件文書中，為家庭財產、繼承、糾紛問題，所涉及的人的身分也是很廣泛的，有一般的百姓，如沙州善護兄弟分家契、董家盈兄弟分家契、孔員信三子為遺產糾紛上司徒狀、王盈子兄弟四人狀、曹富盈牒、張再通牒等等，也有僧尼，如僧龍藏牒、尼惠性牒、僧張月光兄弟分書、僧崇恩析產遺囑、尼靈惠遺書等。還有涉及官吏、士兵的，如楊將頭遺物分配憑據、馬軍氾再晟狀等。從這些文書所涉及問題的性質來看，多數是兄弟分家、僧人按遺囑分配遺物的卷子。但從這些文書中，我們也可見到有追回祖先產業、追回夫主土地的，如武安君牒、寡婦阿龍牒、張再通牒。還有妻妾按遺囑分配財產的，如楊將頭遺物分配憑據。在一些判集、立嗣書儀中，我們還看到了絕戶財產處理及養男的義務和繼承財產權利的規定等。

三、在這批涉及家庭遺產繼承的文書中，我們還看到：不論是按遺囑分配，還是兄弟均分，一般都有中見人的簽字。所不同的，兄弟均分時，還要有當事人自己的簽字。中見人則應是立遺囑者或準備均分財產之家的親屬、鄰里及當地在官府任職的官員的簽字。例如在分家契中，善護、遂恩分家契除有善護、遂恩兩人簽字外，還有「諸親兄程進進、兄張賢、兄索神神」的簽字。張月光兄弟分書中除有兄月光、弟日興簽名外，還有侄沙彌道哲、弟和子、姐什二娘、妹八戒膽娘、表侄郭日榮、鄰人索志溫、解晟以及證人索廣子等七人。董加盈兄弟三人分書中除有董加盈、懷子、懷盈兄弟三人簽字以外，還有中見人阿舅石神神、耆壽康常清、兵馬使石福順的簽字。就是分書的樣

式，如 S.4374 也開列了要有「親見」、「兄」、「妹」等人的畫押。

在所見的遺書中，尼靈惠遺書中也列有許多的見證人，有弟金剛、索家小娘子，還有三個外甥，三個侄男、索郎水官、左都督成真等一共十人。僧崇恩的遺囑見證人則有表弟大將閭英達、侄僧惠朗、侄都督索、侄虞候索、侄兵馬索榮徹及侄女夫二人。

在所見完整的文書中，只有尼惠性牒沒有見證人，這大概是因為尼惠性只是代為僧的外甥轉達遺言，只需僧官批准就行了。

四、從這二十多件文書中，我們也大致可以了解到唐宋兩代家庭財產分配、繼承的一些原則。這些原則是：

1.根據尊長或死者的遺囑分配。按這一原則分配的文書有《僧崇恩析產遺囑》、《尼靈惠遺書》、《楊將頭遺物分配憑據》、《吐蕃寅年（846）正月尼惠性牒》等。崇恩、靈惠都是出家的僧尼，自然沒有子孫可以繼承。因此，兩人生前就立有遺囑，死後按遺囑分配。尼靈惠似乎只是一個平常的尼姑，並沒有很多的財產，「只有家生婢子一名威娘，留與侄女潘娘，更無房資」。潘娘得到靈惠贈婢的條件則是「靈惠變遷之日，一仰潘娘葬送營辦」。也就是侄女潘娘要代為營辦喪葬事宜。僧崇恩的遺產則就比較豐厚了。崇恩其人，據一些同仁研究，應是吐蕃統治瓜沙末期和歸義軍初期敦煌僧界的領袖之一。留在今莫高窟的《僧洪辯告身碑》，其中曾引了唐宣宗的一段詔書：「其崇恩等師宜並存問之。今賜師及崇恩等五人少信物，具如別錄。」看來，崇恩曾參與了張議潮驅逐吐蕃勢力的活動。鄭炳林同仁將 P.4010 和 P.4615 接拼，定名為《索崇恩和尚修功德記》[1]，從而使我們更進一步了解到崇恩出自敦

1　鄭炳林：《敦煌碑銘贊輯釋》，第 285-292 頁；《〈索崇恩和尚修功德記〉考釋》，載《敦煌研究》1993 年第 2 期。

煌大族索氏，其祖上都曾在當地擔任官職。崇恩本人據 P.5579《教授崇恩等帖》，他擔任過教授一職。教授之職，原是吐蕃統治敦煌時所設的僧官，都教授、副教授是沙州僧界的最高首領。至歸義軍統治時期，都教授仍是僧界最高職務，亦稱都僧統，教授則是都僧統屬下儭司的負責人，掌握著當地僧界的財政大權。崇恩是敦煌的教授，不僅負責敦煌寺院財產的支配權，同時自己也擁有可觀的土地、農具、牲畜及其他財物。P.3410 這份《崇恩遺囑》中，有不詳畝數的田莊，有無窮渠地兩突和延唐地兩突施入三世淨土寺，支瓜渠上地貳拾畝給優婆姨清淨意。牲畜有施入三世淨土寺的「車乘牛驢農具依當寺文籍，隨事支給」，還有「別有文籍」的「歲草馬壹匹」，施給合城大眾的有「五歲草驢壹頭」，「四歲父驢」，給清淨意的有牛「五頭」，給僧文信「耕牛一頭」。其他財物有鏵、鐮、鐺、車、樓犂及各種綾羅、白練、布的衣衫和織品。還有「拾伍兩金銀間腰帶」、「銀碗」、「銅碗」、「大床」、「拾伍兩銀碗」、「七兩銀盞」等貴重器物。這份遺囑中值得注意的是：崇恩為僧官，還有一個管家之類的人物，即僧文信，其中寫道：

　　僧文信經數年間與崇恩內外知家事，劬勞至甚，與耕牛壹頭，冬糧麥參碩。

　　崇恩不僅有管家，還有養女及婢女：

　　媧柴小女在乳哺來，作女養育，不曾違逆遠心，今出嫡事人已經數載。老僧買得小女子一口，待老僧終畢，一任媧柴驅使，莫令為賤。崇。

　　這份遺囑雖然不全，但從中可以了解到唐代寺院中的僧侶是分有等級的，他們也同世俗的民戶一樣，擁有個人財產。民戶財產一般由兒女繼承或根據遺囑分之，而僧尼沒有後嗣，當然就只能按遺囑分配處理了。

　　在按遺囑分配中，還有一份是《吐蕃寅年（846）正月尼惠性牒》，是尼惠性根據外甥僧賀闍梨的「遺言」，將所留「鐺一口，劍一口，蹬三隻，皮裘一領」作為追齋所用，請求僧官批准。文書後有洪辯的批示：「鐺、劍、蹬、皮裘等物，依遺囑，一任追齋破用。其㯂兩具，亦任緣窟驅使。更不許別人忤撓。」這也是按遺囑行事的例子。只不過這份文書並不是死者的遺囑，是死者賀闍梨囑咐其出家的長輩尼惠性代予報告僧官的。

　　S.4577《楊將頭遺物憑據》，其開頭就寫有「癸酉年十月十五日申時楊將頭遺留」字樣，應亦是楊將頭死亡前的遺囑。他將自己的所有的財產分給小妻富子、妻子仙子及定千、定女、定勝等人。

　　同樣，在敦煌發現的遺書樣式中我們也看到了必須按尊長遺囑分配家產的習俗和規定，例如 S.343《析產遺囑》即寫道：「今吾醒悟之時，所有家產、田莊畜牧什物等，已上並已分配，……已後更不許論偏說剩。」S.5647 遺書樣式中也寫道：「右件分制，准吾遺囑，分配為定。或有忤逆之子，不憑吾囑，忽有爭論，……但將此憑呈官，依格必當斷決者。」這裡說到可以將遺囑呈官斷決，說明尊長遺囑是國家律法所承認的。

　　根據遺囑處理遺產，這是自古以來的傳統習慣。從原始社會以來，血緣宗族關係就是維繫社會一條紐帶。西周以後，這種關係更同政治、經濟聯結在一起，形成了以宗法制度為基礎的大分封和井田制度。所謂的「禮治」，就是為了要肯定封建的等級制度，並使宗法制度

與政治制度結合起來，樹立起尊長在家族中的權威。按遺囑處理財產，可說是「父在觀其志，父沒觀其行，三年無改於父之道」的主張的具體實踐。西漢以後，獨尊儒術，三綱五常更成了神聖不可侵犯的準則，「君為臣綱，父為子綱」，把家長制作為實行專制主義統治的一個有力的支柱。國家舉人亦以孝悌為最重要的標準。所以，兩漢以後，由家長遺囑決定家庭財產繼承、分配的原則，就是在這種儒家倫理學說支配下形成的。漢晉律令中我們沒有見到關於遺產分配、繼承的條文，但爵位的繼承、敬老養老的規定，可說是這種倫理學說指導下的產物。漢初陸賈以千金分五子，每子二百金，他自己的生活則在五子中輪流，「十日而更」、「所死家，得寶劍車騎侍從者」。[2] 陸賈所為，應說是生前立囑。晉「以孝治天下」，王祥遺命要子孫「揚名顯親」、「兄弟怡怡」、「臨財莫過乎讓」[3]，雖沒說明家產的具體分配辦法，但也說了個原則。而晉初石苞在臨終時則提出了具體方案：「苞臨終，分財物與諸子，獨不及崇。」[4] 唐代劉弘基遺命給諸子奴婢各十五人，良田五頃，「餘財番以散施」。[5] 這都應是按遺囑分配的實例了。

在中國古代，按遺囑分配家庭財產，也是與父母在不得有私有財產的儒家禮法有關的。《禮記》裡多次提到父母在不得有私財，所謂「父母在不敢有其身，不敢私其財」，「子婦無私貨、無私蓄、無私器」。東漢以後，更是提倡累世同居，兄弟同財。東漢時汝南繆肜「少孤，兄弟四人，皆同財業。及各娶婦，諸婦遂求分異，又數有爭鬥之

2　《漢書》卷四三《陸賈傳》，第 2114 頁。

3　《晉書》卷三三《王祥傳》，第 989 頁。

4　《晉書》卷三三《石苞傳》，第 1004 頁。

5　《舊唐書》卷五八《劉弘基傳》，第 2311 頁。

言，形深懷憤嘆」。在他教誨之下，弟及諸婦「更為惇睦之行」。[6]及到南北朝隋唐時期，父母在，「別籍異財」，則成了重大的罪行，要處以「徒三年」的懲罰。[7]正因為封建統治者將宗法制度作為安定社會的重要工具，所以歷史上出現了許多大家族、大家庭。而為避免家庭成員之間財產的爭執，於是有按尊長遺囑分配的原則。按遺囑分配，從政治學及社會學角度來說，可說是古代宗法制度的遺留，也是儒家倫理說教的具體表現。當然，從經濟學觀點來看，這是私有財產的支配權的問題了。無論從哪一個角度來說，按遺囑分配在當時來說是完全合情合理的。

　　2.家庭遺產分配的另一重要原則就是均分。上面所列的幾件兄弟分家契或分書，最明顯的一點是均分，如 P.3744《張月光兄弟分書》，其內容似乎分成兩個部分，前一部分說的是張月光兄弟分割「在城舍宅」的事情，由張月光、日興、和子三人「停分」，是否是均分，由於文書殘闕，無法確定，但後一部分「平都渠莊園田地林木等」，是兄月光與弟日興「對鄰人宋升取平分割」的。就房屋分割來看，「兄僧月光取舍西壹半居住」，「弟日興取舍東分一半居住」。屋前空地及治穀場亦各人一半。至於土地，按文書所列，兄月光有「口分地取牛家道西三畦共貳拾畝，又取厝坑地壹畦拾畝，又取舍南地貳畝，又取東潤沙坑正東地參畦共柒畝。孟授口地共拾伍畝內各取壹半。又東潤頭生荒地各取壹半。」除各取一半的孟授渠地及生荒地外，兄月光共得地三十九畝。弟日興的土地是：「口分地取七女道東參畦共貳拾畝，又取舍南兩畦共柒畝，又取陰家門前地肆畝，又取園後地貳畝，又取與潤頭舍方地柒

6　　《後漢書》卷八一《獨行傳》，第 2685-2686 頁。

7　　《唐律疏議》卷一二《戶婚》，第 236 頁。

畝。」弟日興則為四十畝，比之於月光多了一畝。文書中還寫到：「園後日興地貳畝，或被論將，即於師兄園南地內取壹半。」此句不好理解，師兄地少一畝，怎麼還要取師兄舍南地一半？可能應是將日興園後貳畝中的南邊一半分給師兄，這樣，兩人土地就完全均平了。當然，這也只是猜測。而就文書其他內容看，房屋各人一半，孟授渠地拾伍畝各人一半，生荒地各取一半，另外「太門道及空地車敝並井水，兩家合。其樹各依地界為主。又緣多少不等，更於日興地上，取白楊樹兩根。塞庭地及員佛圖地，兩家亭分」。這說明張月光與日興這次分家完全是按均分的精神處理的，不僅是房屋、土地、空地，就是所分地內樹木有多有少，也以均分精神加以補償。

P.2685 和 S.11332《沙州善護、遂恩兄弟分家契》應是同一件的兩份文書。按這兩份文書內容來看，也完全是均平分割的。房屋的分配，「城內舍，兄西分參口，（弟）東分參口；院落西頭小牛廄舍合，舍外空地，各取壹分；南園，於李子樹已西大郎，已東弟；北園渠子已西大郎，已東弟，樹各取半」。土地的分配，大郎善護分得的有：渠北地參畦拾壹畝半、向西地肆畦拾肆畝、多農地五畝、又向南地一畦陸畝、西邊捌畝、舍坑子壹畝、舍邊地及渠北南頭尋渠地計五畝、北仰大地並畔地貳畝，共計為五十二點五畝。弟遂恩分得的土地是：舍東、舍西及渠北共拾壹畝、渠子西拾陸畝、長地五畝、尋渠南頭長地子壹畝，合計為五十三畝。另外還有北頭長地子壹畦貳畝，各壹畝，西邊地子弟，東邊兄。兄弟兩人的土地僅只差半畝，這是否與土地遠近、肥瘠有關，不得而知。而僅房地兩項，我們可清楚地看到其基本精神是兄弟均分。

S.2174《董加盈兄弟三人分家契》中所列亦大致是均分的原則。董加盈兄弟三人，即家盈、懷子、懷盈。家盈分得的是：「兄加盈兼分進

例，與堂一口，橡梁具全，並門」，「園舍三人停支」，土地是「取索底渠地參畦，共陸畝半……蔥同渠地，取景家園邊地，壹畦共肆畝」。在談到土地時，文書說到「又蔥同上口渠地貳畝半，加盈、加和出賣與集、集斷作直麥粟拾碩，布一匹，羊一口，領物人董加和、董加盈、白留子」。即房屋一間，土地十畝半。他還曾將貳畝半土地賣給別人，收取了麥、布、羊等實物。弟懷子分得的是：「取索底渠地大地壹半肆畝半、蔥同渠地中心長地兩畦五畝」，「城內舍，堂南邊舍壹口，並園落地一條，共弟懷盈二人停分，除卻兄加盈門道。」即房屋一間，地九畝半。另外還有白楊樹及李子樹。懷盈分得的是：「索地渠大地一半肆畝半，蔥同渠地東頭方地兼下頭兩畦五畝。……城內舍：堂南邊舍一口，並院落一條，除卻兄門道，共兄懷子二人亭分。」所得土地也是九畝半，房一間。

由上可知，三人的房屋各人一間，土地只有兄加盈為十畝半，懷子、懷盈均是九畝半。加盈所以多分一畝，可能與文書上所說「兄加盈兼分進例」一語有關。文書前面曾說到三人「小失父母，無主作活，家受貧寒，諸道客作……」，加盈為長兄，在「小失父母」之後，加盈負擔起全家的生活，所出功力最多，因而給予「兼分進例」的條件，房屋由他取中間的「堂壹口」，土地亦多分一畝。而懷子和懷盈，則完全是一樣的，房一間，地九畝半。這種解釋是否妥當，不得而知，但從三人分得的房屋、土地來看，應該說基本是按均分原則處理的。

按均分原則兄弟分家，在敦煌發現的遺書樣式和分家樣式中也有明確的交代，如 S.437 分書樣式中寫道：「家資產業，對面分張，地舍園林，人收半分，分枝個別，具執文憑。」又寫道：「右件家產，並以平量，更無偏黨絲髮差殊。」S.5647 分書樣式，說的是叔侄兩人的分家，侄為叔所養大，為報養育之恩「與叔某物色目」，但是「城外莊田

車牛駝馬家資什物等，一物已上，分為兩分，各注腳下。……叔侄對坐，以諸親近，一一對直，再三準折均亭，拋鉤為定」。這裡說的「一物已上，分為兩分」，顯然也是均分。均分可說是當時敦煌社會中公認的準則。

在中國封建社會中，兄弟均分遺產在漢代即已見諸記載，上述陸賈在漢初即以千金分其五個兒子，各二百金。顏之推說，東漢安帝時汝南薛包，父母亡故，「弟子求分財異居，包不能止，乃中分其財」[8]。南朝蕭梁吳均所寫的《續齊諧記》中記到：「京兆田真，兄弟三人，共議分財，生貲皆平均」，就是堂前的一株紫荊樹，也準備劈成三片。所謂「中分其財」，「生貲皆平均」，皆指的兄弟均分家庭遺產。相反的，不均分倒成了不合情理為人指責的事情了。東漢時會稽人許武，以兩弟許晏、許普未顯，「欲令成名」，故意分家，「割財產以為三分，武自取肥田廣宅奴婢強者，二弟所得並悉劣少」。結果是「鄉人皆稱弟克讓而鄙武貪婪，晏等以此並得選舉」[9]。

到了唐代，均分則成了法律，《唐律疏議·戶婚》載：「同居應分不均平者，計所侵，坐贓論減三等」，「准戶令，應分田宅及財物者，兄弟均分，妻家所得之財，不在分限，兄弟亡者，子承父份，違此令文者，是為不均平。」對於不均平，律疏還解釋說，兄弟二人分一百匹絹，一為六十匹，一為四十匹，所侵十匹，合杖八十。均分既是法律，官民當然遵照實行。上面曾經述及，唐初劉弘基遺令諸子奴婢各十五人，良田五頃；唐玄宗時名相姚崇亦是「先分其田園，令諸子侄

8　顏之推：《顏氏家訓》之《後娶》，上海古籍出版社1980年版，第51頁。又見歐陽詢：《藝文類聚》卷二〇《孝》引《汝南先賢傳》，上海古籍出版社1985年版，第370頁。

9　《後漢書》卷七六《循吏傳》，第2471頁。

各守其分」[10]。這應該都是均分的例子。

　　兄弟均分家庭遺產的準則，自漢以後似乎是社會所公認的事情，但是，這一準則起於何時，好像還沒有定論。按西周大分封的制度，嫡長子為大宗，是法定的繼承人，爵位及封國、采邑都由他來繼承，庶子只能得到其中一部分的土地。這種制度大約至戰國以後，隨著地主經濟的興起及至取代了領主經濟，大分封的制度也因之為中央集權制度所代替。在實行中央集權制度的歷史時期，為確保中央最高統治集團的相對穩定，也曾將實行大分封制度時的一些東西保留了下來，例如王位、爵位的嫡長子繼承制，以及後來的高級官僚的任子、門蔭制度等等，但是，要加強集權，大分封的那種世官世祿的用人制度顯然是不能實行了，各級官僚的人選逐步地變成了由國君任命的制度，官僚制度形成了。官僚制度的形成，無疑地是對以血緣宗族為紐帶的大分封制度的否定。隨之而來的，「宗室非有軍功論，不得為屬籍」，「民有二男以上不分異者，倍其賦」[11]，提倡實行小家庭的辦法。這樣一來，沒有爵位的民戶就出現了家庭財富的分配問題。如何分配呢？無非是這兩種辦法，一是按照尊長的意見。因為尊長是家庭中的權威，也是財產的所有者。這種辦法，就是歷來的按遺囑分配的方式。另一種就是尊長無所偏愛，或者是避免兄弟糾紛，於是乎公平分割，這就是我們所說的均分或中分。如果說前一種是古老血緣宗族的遺留，後來為提倡儒學的統治者所認可，那麼，均分家產的辦法，應是地主經濟發展後的產物。特別是到漢代以後，漢武帝聽主父偃的建議，實行推恩令，「使諸侯王得分戶邑以封子弟」[12]，這種家產均分的

10　《舊唐書》卷九六《姚崇傳》，第3026頁。

11　《史記》卷六八《商君列傳》，第2230頁。

12　《漢書》卷一四《諸王侯表》，第395頁。

風俗更找到了法律的依據，以致到隋唐時期成為國家的律令。

正因為中分既已成為習俗定規，而儒家提倡的兄弟財產互讓便成了值得大大表彰的事情了。漢武帝時河南卜式，在分家時，「獨取畜羊百餘，田舍財物盡與弟」，後來弟又破產，卜式多次再分給自己的財產。[13]漢宣帝時，王商父死嗣為侯，但他「推財以分異母諸弟，身無所受」[14]。東漢高鳳「推其財產，悉與孤兄子」[15]。這些事情所以被史家特意記出，正因為他們突破了均分的慣例，體現了儒家「兄良弟悌」的倫理標準。

3.家產兄弟均分是當時通行的習俗，但從文書來看，有一些私人財產並不列入均分的家產之內。P.3774《僧龍藏牒》就是一個例子。從文書中得知，齊周家原是一個從祖父一代起就是「同籍共財」的家庭。祖父亡後，由伯父經管。齊周父在外，還做過吐蕃統治時期的部落使。伯父在世時，「伯伯數度分割財物，各有處分」。但到堂兄大哥得知齊周要出家為僧，「便生別居之意」，並且「取外人之言，亡談異端，無種渲竸，狀稱欺屈」。所以齊周牒告官府，要求「齊周所有運為觔斗及財物、畜牲、車牛、人口請還齊周」。為訴說原委，齊周將過去自己所得一一列出，請求公斷。在這件文書裡，齊周提出：其妻陰二娘死後有「綀羅裙一腰，紅錦綺一，羅衫子一，碧羅被子一，皂綾襖子一，剪刀及針線等物，並大哥收拾」。還有齊周「父是部落使，經東衙算賞，羊卅口，馬一匹、耕牛兩頭、雌牛一頭，緋毯一。齊周自出牧子，放經十年。後群牧成，始雇吐谷渾牧放」。後來齊周「身充將頭，當戶突稅差科並無。官得手力一人，家中種田驅使，計功年別卅

13　《漢書》卷五八《卜式傳》，第2624頁。

14　《漢書》卷八二《王商傳》，第3369頁。

15　《後漢書》卷八三《逸民傳》，第2769頁。

馱。……計卅年，計突課九百馱，盡在家中使用」。另外，齊周自己開過酒店，所得利潤放在家中使用；堂兄嫁女得麥四十石，當房使用，齊周嫁女所得四十石大家使用；齊周母亡衣物為堂兄收用；齊周看磑所得麥粟一百三十石為大家所用等等。

按唐代法令，祖父母及父母在，不得「別籍異財」，只有祖父母令別籍或父母死後才能分家。分家的辦法是上引的「兄弟均分」，「兄弟亡者，子承父份」，「兄弟俱亡，諸子均分」，「妻家所得之財，不在分限」。齊周在這份牒狀中述及其母與妻陰二娘死後財物為大哥所收，顯然是違背當時法令的，所以齊周要求追回。妻財不分，唐代雖已經成為國家所訂的法令，但在唐代以前，似乎早已約俗成例，為社會所公認的了。《後漢書·獨行傳》中說到，陳留人李充，兄弟六人，家中貧困，其妻就同他說：「今貧居如此，難以久安，妾有私財，願思分異。」可說是妻財不分的早期例證。

至於齊周所說的其父任部落使所得，自己充將頭有手力一人為家中種田，以及他經營酒店，看碾所得，嫁女所得，應否列為私人財產，這就要具體分析了。按這件文書所說，「今大哥先經伯伯數度分割財產，各有處分」，似乎齊周當伯父在世時即已經有過分割，但文書又說到「齊周不幸，父母早亡，比日已來，齊周與大哥同居合和，並無私己之心」。好像伯父雖有過分配，而齊周並未同大哥完全分割清楚，仍然生活在一起的。這樣就使這個案件顯得十分複雜。按唐代均分的原則，如齊周早與大哥異籍分居，分後經營所得自然歸於齊周。但是實際上齊周與大哥仍生活在一起，也即是「同籍共財」，所以大哥在聽到齊周要出家，不僅「所有好者，先進大哥收撿」，而且，還要「妄談異端」，於是齊周內心不平，在牒狀中羅列了自己的各種收入，要求官府公斷了。當然我們不知道官府如何判處此類案件，但從中可以得

知，分家之後個人經營所得，應屬於個人的。齊周所以羅列各種收入，無非是強調在「伯伯數度分割財產」後對家庭的貢獻，要求追回各種財物。

在這批文書中，我們不僅接觸到了分家後個人經營所得的歸屬問題，同時也看到了兄弟間私債如何處理的問題。《丙午年前後沙州敦煌縣慈惠鄉百姓王盈子兄弟四人狀》說到，王盈子有王盈君、王盈進、王通兒等兄弟四人，「所有父母居產田莊屋舍四人各分支」，可是盈進與君「一處同活」，盈進「身得患累」，「今歲次著重役」，「役價未可填還」，加以後來盈進病亡時「油麥債將甚繁多，無人招當」。於是盈群將盈進分得的「城外有地七畝，有舍壹、城內有舍況……與兄盈君……取填還債負」。私債由自己分內填還，這也應是當時流行的習俗。

4.在這批涉及家庭遺產的文書中，還有涉及追回祖上及父母遺產的案例。如《唐大順四年（893）正月瓜州營田使武安君牒並判語》、《後晉開運二年（954）河西歸義軍左馬步都押衙王文通勘尋寡婦阿龍還田陳狀牒》、《宋雍熙二年（985）六月慈惠鄉百姓張再通牒》、《年代不詳孔員信三子為遺產糾紛上司徒狀》等等。

武安君牒說的是「父祖田水」被董悉清占，因而上書歸義軍衙門，要求追回。歸義軍節度使索勳的判文是：「系是先祖產業，董悉卑戶，則不許入，權且承種，其地內割（？）與外甥安君地七畝佃種。」因文書不全，判語不太好理解。說「董悉卑戶，則不許入」，似乎是讓董悉退出所占土地，而後面說就其地內割七畝與武安君佃種，則七畝應只是其中一部分。給人的印象是，先還七畝，以後再全部退回，但總共有多少土地不清。判語還說到武安君是外甥，外甥追回先祖產業，土地所有者應是武安君的外祖，按唐文宗時規定：「唐開成七月五日敕節

文，自今後，如百姓及諸色人死絕無男，空有女，已出嫁者，令文合得資產。」[16]大概是武安君母家無人，故武安君母得以繼承這份「先祖產業」了。

王文通勘尋寡婦阿龍還田牒則比較複雜了。這件文書說的是寡婦阿龍夫主早喪，其子索義成又去瓜州，於是將所有的三十二畝土地中賣了十畝，餘二十二畝交兄索懷義佃種。後來，另一親叔索進君從南山部落回來，以進君為戶主請射了義成的二十二畝土地。而進君「不樂苦地」，僅住了一二年便回到南山去了，土地被侄索佛奴所繼承，阿龍因子義成死後，與孫阿通無以為生，要求收回這二十二畝土地。經歸義軍左馬步都押衙王文通勘問，結論是「其義成地分賜進君，更不回戈。其地便任阿龍及義成男女為主者」。這也就是說，由義成地變成進君地是向官府「請射」過的，應予承認，但進君去南山不回，這二十二畝地由義成兒子繼承。是否可以這樣說，這一判決是間接地承認了阿龍對父祖遺產的繼承權。

宋雍熙二年張再通牒也是為父祖遺產上告的。說的是張再通從甘州回來，「因兄張富通先廣作債負，買卻再通所有父祖地水，不割分支」，「其養男賀通子不肯割與再通分料舍地」。無地無舍，故而上告。這件文書沒有判語，無法知道最後的處理情況，但從這件文書可知，父祖遺產是應當兄弟均分的，而張富通以「廣作債負」，將再通所有地水賣掉還債，不給再通分割，似乎這債應是再通私債，這同上面所說私債應在自己分內償還是相符的。

孔員信三子為遺產上司徒狀這篇文書更說明父祖遺產得由直系子孫繼承。這篇文書說到，孔員信有三子，死時三子幼小，交阿姨二娘

16　寶儀等：《宋刑統》卷一二《戶絕資產》，中華書局 1984 年版，第 198 頁。

子撫養，所有資產亦交阿姨二娘子掌管，而到三子長大成人，二娘子不予分配，「如此不割父財，三子憑何立體」。子繼父產，名正言順，二娘子雖有撫育之恩，但孔員信財產仍應分給他的三個兒子，因為二娘子不肯放手，所以三子只好請官府公斷了。這件文書也沒有最後判語，不知結果如何。

中國封建社會的立法，以儒家思想為指導，「大其宗族」是「孝」的根本。因此，直系子孫繼承爵位、財產是大家公認的準則，也是當時法律條文所規定的。按唐宋時期的法規，父祖產業得由直系子孫繼承，即所謂的「兄弟均分」。如果發生兄弟亡故等其他情況，唐代又規定：「兄弟亡者，子承父分。兄弟俱亡，則諸子均分。其未娶妻者，別與娉財。姑姐妹在室者，減男娉財半。寡妻妾無男者，承父分。」[17]這裡排列出一個繼承分配的順序和辦法。如果沒有直系的子孫，則就是上面說到的女兒、外甥繼承。

5.最後還要說到一些判集談到的絕戶財產處理原則及養男、立嗣文書中涉及的家庭財產繼承問題。

關於絕戶的財產，P.2947《唐永泰年間河西巡撫使判集》中有這樣一條判詞：「肅州朱光身死，承襲都無子孫，資畜已聞官收，且取用充市牛直。」這也就是說絕戶財產，沒為官有。按《宋刑統》所引唐喪葬令規定：「諸身喪戶絕者，所有部曲、客女、奴婢、店宅、資財，並令近親轉易貨賣，將營葬事及量營功德之外，餘財並與女。無女均入以次近親，無親戚者官為檢校，若亡人在日，自有遺囑處分，證驗分明者，不用此令。」後來，到唐文宗開成元年，又有敕文，即上面曾引述的「絕戶無男之家，女已出嫁者」，「令文合得資產」。這也就是說，絕

17　《宋刑統》卷一二《卑幼私用財》，第197頁。

戶無男之家，財產得由女兒繼承，無女則由近親繼承，只是既無女兒、又無親戚的絕戶，才「官為檢校」。朱光戶絕，資產入官，按唐代律令，應屬於既無子孫、又無親戚的絕戶。

至於養男、立嗣的財產繼承問題，按唐代規定：「依戶令，無子者聽養同宗子昭穆相當者。」這也就是說只能養同宗的子弟，不允許收養異姓的孩子。如養異姓的子弟，按唐律規定，要處以「徒一年」的懲罰。[18]認養以後的義務與財產繼承問題，唐宋兩代都無明文的法律規定，但我們從敦煌發現的立嗣、養男文書中得到了一些明確的答覆。P.3443《壬戌年胡再成養男契》中說道，敦煌龍勒鄉百姓胡再成養同母弟兄王保住男清朵為腹生子，即清朵是「二人的同父兒子」，「自養已後，便須孝養二親」，「所有城內屋舍城外地水，家資（後缺）並共永長會子停支，一般各取一分。」又《沙州文錄補》所收《宋乾德三年（965）史氾三立嗣文書》中說，史氾三養兄史粉堆親男願壽為腹生子，「自今以後，其叔氾三不得二意三心，……所有家資地水活業什物等便共氾三子息及阿朵準亭願壽各取壹份，不令偏拼」。後面又說到如願壽長大娶婦，「不孝順父娘」，「不肯作於活之計」，「氾三將此文書呈告官中，備加忤逆之罪」。

養子對於養父、養母必須像親子一樣孝順，這是養子的義務與責任。唐律中有「諸養子所養父母無子而捨去者徒二年」的規定，就是從反面提出了養子的責任。入繼後的財產繼承，按上兩份文書的記載，一說是「共永長會子亭支，一般各取壹份」，一說是「所有家資地水活業便共氾三子息並及阿朵準亭願壽，各取壹份」。這首先明確地告訴我們，養子可以有取得壹份的繼承權。其次，那麼養子為什麼沒有

18　《唐律疏議》卷一二《戶婚》，第237頁。

全部繼承權呢？文書字句不太好理解。在史氾三的文書中有這樣詞句：「若或氾三後有男女，並及阿朵長成人，欺屈願壽，倚大猥情作私，別榮小□□幫非理打棒，押良為賤者，見在地水活業，各取壹份。」似乎阿朵是氾三在室之女，按唐宋律令，在室女亦可分得一分。

　　總括以上各條，唐宋兩代家庭財產繼承的原則仍是古來的按遺囑分配和均分兩條。妻財不分，私債自負也是古已有之。只不過到唐代以後，這些原則都已變成為國家的法令，作為民事訴訟的根據而已。

（原載《敦煌學輯刊》1994 年第 2 期）

讀 P.3813《唐判集》札記

　　這幾年我集中翻閱了敦煌遺書中有關法律方面的卷子，對唐代的幾個判集很感興趣，做了一些筆記。今將讀 P.3813《唐判集》的筆記整理出來，用以求教學界的同好。

　　P.3813 卷子在池田溫先生《中國古代籍帳研究》、唐耕耦與陸宏碁先生《敦煌社會經濟文獻真跡釋錄》中均有錄文。唐、陸二先生書中還附有原件照片。兩件錄文雖都是按原件行數、字數照錄的，但兩錄對照，卻有差異。先從標點符號看，池田先生所錄只有頓號、句號兩種，而唐先生所錄則有逗號、頓號、分號、問號四種。按中國語文文法，後一種似乎比較準確一些，讀起來更為方便、流暢。兩錄不僅使用標點符號不一樣，而且斷句也有不同，如十一行末尾至十二行，唐錄是：「準律以官物自貸用，無文記，以盜論；若有文記，減準盜論。」池田錄則是：「準律以官物自貸、用無文記、以盜論。若有文記、減準盜論。」此判所引之律條見《唐律疏議‧廐庫》，原律文是：「諸監臨主守，以官物私自貸，若貸人及貸之者，無文記，以盜論；有文記，準盜論。」兩種錄文的標點都可讀通。這種例子還有第九十八行，池田

錄是：「據法法不可容、論情情實難恕。」唐錄在「據法」、「論情」後都加逗號。又如一一四行，池田錄是「家興販資財巨富」，唐錄在「家興販」後加一逗號。但是，也有因標點不同，使有些語句不好理解了。例如趙孝信妻張氏奪告身一案，第五十一行，池田錄是：「張本緣夫職、因夫方給郡君。在信久已、甘心於張、豈勞違拒。」唐錄是：「張本緣夫職，因夫方給郡君。在信久已甘心，於張豈勞違拒。」對照兩錄，唐錄的標點應是準確的。又弘教府隊正李陵一案，第五十三行，池田錄是：「弘教府隊正李陵、往者從駕征遼、當在蹕駐、陣臨戰遂失馬亡弓。」唐錄移「蹕駐」後的標點在「陣」字後，讀起來似乎更好理解。再如豆其、谷遂一案中，第七十七行，池田錄是：「行李與其相遇、同此蹔款、生平良宵。同宿主人、遂乃密懷奸匿。」唐錄是：「行李與其相遇，同此蹔生平，良宵同宿，主人乃密懷奸匿。」細加斟酌，唐錄的標點應是準確的。

　　在錄文中，有些字也有差別。如二十五行「齋為盜本」，池田錄誤「齋」為「貢」；三十三行，按原件照片應是「因爾致殂」，唐改「爾」為「而」。三十五行，「望墳壠而無依」，唐錄作「墳壟」；四十五行，「負塈」，唐錄作「負墪」。九十二行，「然劉固此一心」，對照原件照片，池田錄漏一「然」字，多加一「阿」字；為「阿劉固此一心」。一〇八行至一〇九行，按照片原件應是「所嘆雖言未合」，唐錄誤為「所疑嘆言未合」，池田錄誤為「所欻雖言未合」。一二〇行，「紆羅袂以驚風」，唐錄誤「紆」為「行」，作「行羅」。一二七行，「同居已經三紀」，池田錄「已經」作「已徑」，應誤。一四〇行「悴彼沉魂」，池田錄作「沈魂」，亦誤。一四八行，「選人忽屬泥塗」，唐錄以「忽」作「勿」。一六三行，「絕波璠璵」，池田錄誤作「璠瑅」，璠璵是成語。《太平御覽》卷八四〇引《逸論語》有「子曰：美哉璠璵」，指魯國的

兩種美玉。一六四行「慈顏致參商之隔」，池田錄誤「參商」為「參同」。

此件文書，兩種錄文都定名為《唐判集》，我以為是準確的。兩錄未說定名的理由，我試說之。

所以定名為「判集」，因此件文書說的是具體案例。每件案子前都有「奉判」兩字開頭，這同 P.2593《唐判集》、P.2754《唐安西判集殘卷》是完全一樣的，應是唐代寫判文的一種格式。唐代判文，皆用四六駢體，講究用典、對仗，文字華麗，留至今日的《龍筋鳳髓判》，是武后時張鷟所撰，可稱為唐代判案文書的典範。洪邁在《容齋續筆》之「龍筋鳳髓判」條說，此書「百判純是當時文格，全類俳體，但知堆垛故事，而於蔽罪議法處不能深切」。然《四庫總目》卷一三五《子部》之「類書一」以為：「鷟作是編，取務程試之用，則本為錄事而作，不為定律而作，自以徵引賅洽為主，言各有當，固不得指為鷟病也。」「取備程試之用」，一語道破了此書的性質。P.3813 卷子類似張鷟所撰，應是判集無疑。有些學者認為這是判集，並還以為這份判集都是實有其事。我不太同意這種意見，以為這件文書是寫判案的範文，是為寫判案文書者作參考之用的，並不是指實有其事。所以持這種看法，首先是案件中所涉及的人名，大多是人所熟知的古代名人，例如第五道判文中說到「石崇殷富，原憲家貧」，石崇雇原憲掏井一事。石崇是眾所周知的西晉大富翁，至今猶作為富豪的象徵。原憲是孔子的學生，是古來有名的窮人，《孔子家語》說他「居蓬蒿之中，並日而食」。《莊子》說：「原憲居魯，環堵之室，茨以生草；蓬戶不完，桑以為樞；而甕牖二室，褐以為塞；上漏下濕，匡坐而弦。」以原憲受僱於石崇，顯然是一種比喻，即窮人受僱於富翁。再如李陵征遼失馬亡弓一事，李陵是漢代名將，勇冠當世，在征討匈奴中曾立過功勳。這裡用以比喻唐征

高麗，並不是真有李陵其人參加征遼之役。再有阿劉夫死守志，其兄奪之，許配張衡一案，張衡為東漢著名文學家、科學家，可能這裡也是借用古人的名字。其次，有一案說到，居住於長安的少數民族兩個兄弟，兄史婆陀豪富，弟頡利清貧，鄰人康莫鼻向史借貸不得，因而告史「違法式事」。史、康皆是昭武九姓胡。九姓胡以善於經商聞名於世，頡利則應屬突厥族的名字，這裡都湊到一起了。這一資料如果用來說明長安有很多少數民族居住，倒是非常典型的，但如用來說明此判是實人實事，恐怕就有些牽強了。再次，判文中還說到選人質馬，途中馬死，馬主索賠一案。這道判文既未指選人為誰，也未說出馬主姓名，可見這只是一件案例而已。根據以上判斷，是否可以這樣認為：這件文書並不是處理實際案件的判文，而是一件教人如何撰寫判文的範文。

至於這件文書的寫作年代，因未見原件，只看到照片，無法從紙質、尺寸等方面進行判斷，但就判文所涉及的內容分析，池田、唐兩位先生均定為七世紀後半，愚意以為七世紀是妥當的。是否還可以更確切一些，是在高宗、武后前期，即七世紀中葉。首先，判集中曾說到田智聘孔平妹為妻一事，其妹「貞觀十七年大歸」，即回娘家長住。「至永徽二年，智父身亡，遂不來赴哀。」顯然，這件文書只能在永徽二年（651）之後，不可能在此之前。那麼，是在永徽二年以後什麼時間呢？判集中有這樣幾件事值得注意。一是判文中說到宋里仁兄弟三人，並是軍籍，皆在「邊貫」，而母在揚州，無人侍奉，他們提出了遷籍從母的要求。判文寫道：「昔隨季道銷，皇綱弛紊，四海波駭，五嶽塵飛。兆庶將落葉而同飄，簪裾共斷蓬而俱逝。但宋仁昆季，屬此凋殘，因而播遷，東西異壤，遂使兄居張掖，弟住薊門，子滯西州，母留南楚，俱沾邊貫，併入軍團，各限憲章，無由覲謁。」說是隋末大亂

造成了母子、兄弟各在一方。如從年代來看，這一案例只能發生在唐代初年。唐王朝真正統一全國，是在太宗初年，隋末唐初遺留下這類兄弟併入軍團、皆在「邊貫」的事情，只能在唐代前期具有實際意義。二是上面說到李陵征遼立功的案例。唐代大舉征遼，都在太宗、高宗時期，判文說到「我皇親蒔龍施，天臨日鏡，掩八紘而頓綱，籠萬代以翔英，遂乃親總六軍，龔行九伐」，說是皇帝親征。唐代皇帝親征高麗，只有太宗貞觀十九年（645）一次。按《兩唐》書所載，貞觀十八年十一月，太宗命張亮、李勣分道攻打高麗，至第二年，太宗從洛陽出發，五月，至遼東城下，破之，置遼州（今遼寧遼陽），進至安市（今遼寧海城南營子城），久攻不下退回。判集將這次重大戰爭作為背景來撰寫案例，應該距離發生這次戰爭的貞觀時代不遠。

其次，確定敦煌卷子的年代，避諱是最直接的證據。在這件文件中，第一二〇行至一二一行有這樣的句子：「騎士游童，轉金鞍而照日。」第一三一行：「親親之義既隆，怡怡之顏斯在。」這裡並沒有避武后、玄宗的名諱。武后改名為曌（即照），按《資治通鑑》是在永昌元年（689）的十一月。因此，這件判集應在此年之前。

根據以上推論，此卷文書是永徽二年之後，武后永昌元年之前，即西元六五一至六八九年之間，也即高宗和武后前期。

P.3813《唐判集》存二〇一行，有十九道判文，前後兩道皆有殘闕，全的是十七道。這份判集顯然是供人撰寫判文參考用的範文，並不一定實有其事，但我們從中可以看到唐代判案中提倡禮法、依律令判處、重視實地調查等一些特點。

在中國封建社會的發展史中，對如何維持這種等級社會的秩序問題，春秋戰國時即有所謂的儒法之爭。儒家提倡「禮治」，使貴賤、長幼、尊卑、親疏各有禮數，各守其分，用以達到社會安定，天下大治

的目的。法家並不否認貴賤、尊卑等的差別，但強調的是法，認為維持社會秩序是在於賞罰，即勸善、止奸。在法律面前均需平等，「百度皆準於法」。兩家對於治理天下不同的觀點，就有所謂「禮治」、「德治」與「法治」之爭。儒家的「禮治」、「德治」後來還發展成人治。其實，兩家雖然強調的主體內容有所不同，但並不是相互排斥的。他們之間只是以禮為準、以刑為輔，還是一準於法的爭論。到漢武帝獨尊儒術之後，這種爭論已逐漸消失。以禮入法，禮法並用，奠定了中國古代律法的發展道路。兩漢即以經義決獄，魏晉則有八議入律，又除異子之科，準五服以治罪，使以禮入律大大跨進了一步。北魏制定留養之制，準官爵當刑，北齊以十惡入律，從而完成了法律儒家化的進程。隋唐繼承了這些成果，都反映在唐律這部法典中。所以，對《唐律疏議》一書，《四庫總目》說它是一部「一準乎禮」的法典。我們現在討論的這份《唐判集》，就是根據這部法典的條文所寫的判案範文，所以強調禮法這一點是非常顯著的。儒家禮法提倡孝悌，這份判集中一案是：「趙州人趙壽，兄弟五十餘人，同居已經三紀，上下和睦，名著鄉閭。雖恭順有聞，更無瑞膺，申請義門，未知合不？」判文寫道：「趙壽早遇昌辰，幸沾唐化，遂能懷恭履信，義棲仁，穆彼家風，光斯里。故以天倫義重，嗟斷臂而增懷；同氣情深，嘆脣亡而軫慮。遂乃一門之內，五十餘人，人恥薛苞之異居，慕姜肱之共被。一榮花萼，三紀於茲。親親之義既隆，怡怡之顏斯在。雖尺布斗粟，俱愉飲啄之歡；弟瘦兄肥，無憚干戈之險，遂使恆山四鳥，長銷離別之聲；田氏三荊，永茂連枝之影，宜可嘉其節義，旌以門閭，庶使無賴之人，挹清風而知恥；有志之士，仰高躅而思齊。宜即下州，允其所請。」這裡用了許多兄弟友愛的典故，如西漢的田真兄弟三分紫荊的故事，以及東漢姜肱兄弟友愛、常共起臥的故事。還有引《孔子家語》中恆山鳥

生四子，長成後其母悲鳴而送之的故事。用了這麼多典故，無非在說一個「悌」字。這道判文，無疑是一篇表彰儒家倫理的檄文。唐代統治者大力提倡儒家禮法於此可見。同樣，上面說到宋里仁由於隋末離亂，兄弟俱入軍團，並為邊貫，母在揚州，無人侍奉一案，判文說：「恂恂老母，絕彼璠璵；悠悠兄弟，阻斯姜被。慈顏致參商之隔，風氣為胡越之分，撫情論事，實抽肝膽。」先是表示了極大的同情，繼之又說：「至若名沾軍貫，不許遷移，法意本屬防奸，非為絕其孝道，即知母年八十，子被流配，據法猶許養親，親歿方至配所，此則意存孝養，具顯章條，舉重明輕，照然可悉。且律通異義，義有多途，不可有執軍貫之偏文，乖養親之正理。今若移三州之兄弟，就一郡之慈親，庶子有負養之心，母息倚閭之望，無虧戶口，不損王徭，上下獲安，公私允愜，移子從母，理在無疑。」《唐律疏議・名例》中有條律文是：「諸犯死罪非十惡，而祖父母、父母老疾應侍，家無期親成丁者，上請。犯流罪者，權留養親。」唐律以禮為準，先養親完孝而後服罪。判文以此為據，指責一些不明禮義的官員「執軍貫之偏文，乖養親之正理」。他們的結論是：「移子從母，理在無疑。」在《唐律》中，像這種維護倫常，提倡孝道的律文很多，例如「匿父母夫喪」、「居父母喪生子」、「子孫不得別籍異財」，「居父母喪嫁娶」以及「諸詈祖父母、父母者絞、毆者斬」、「告祖父母、父母絞、諸子孫違犯教令及供養有闕者徒二年」等等，都反映了儒家禮法的要求。

在儒家禮法中，君權、父權、夫權是神聖不可侵犯的，臣子、兒孫、妻子只能居於從屬的地位。這份判集中也反映了這一觀點。第六道判文說到，前折衝趙孝信妻張氏，有安昌郡君誥身，趙犯奸除名，主爵於是奪張誥身，張氏以夫犯奸不知其委，不服奪去誥身。判文寫道：「〔折衝〕奸源已露，罪合除名。除名官爵悉除，資蔭理從斯盡。

妻張本緣夫職，因夫方給郡君。在信久已甘心，於張豈勞違拒。皮既斯敗，毛欲何施？」「告身即宜追奪，勿使更得推延。」在儒家禮法中，男尊女卑，夫為妻綱，婦女只能處於從屬的地位。唐律也有明確的規定。《唐律疏議・名例》中「婦人官邑號」條下說：「依禮，凡婦人從其夫之爵命。」「若犯除免、官當者亦準男夫之例。」趙孝信既已犯奸除名，其妻張氏當然跟著除去郡君告身，這是毫無疑義的事情，所以判文理直氣壯地說：「皮既斯敗，毛欲何施？」催著趕快追奪，不能拖延了。

在判集中，涉及婦女、婚姻的還有第九、第十八兩案。第九道案子是說婦女阿劉，夫死守志，數年後與亡夫夢合，生有一子。其兄以為恥辱，將妹私許張衡，收其聘財，但阿劉不從，結果是其兄以女代嫁，被人告發。同時有人為阿劉提出申請「孝婦」，予以旌表。第十八道案子說的是田智聘孔平妹為妻，貞觀十七年返娘家長住。貞觀廿一年團貌時，田智「乃詐大疾」，欺騙當地官府。貞觀廿二年，田智對鄰里「作離書棄放」，與妻子離婚，但戶籍仍留田家。後來到永徽二年，田智父亡，智妻不來「赴哀」，引起糾紛，讓官府裁判，這樁離婚案是否能夠成立？對前一件阿劉與亡夫夢合生子、申請「孝婦」一事，判文以夢合「未可依憑」，求為「孝婦」，「於理難從」。至於其兄以妹許張衡，則是「未閑禮法」之故。尤其是「以女代姑，因此便為伉儷。昔時兄黨，今作婦翁；舊日兄夫，翻成女婿，顛倒昭穆，移易尊卑」，那就更加不能容忍。所以判文說：「據法，法不可容；論情；情實難恕。」按唐律規定：「諸夫喪服除而欲守志，非女之祖父母、父母而強嫁之者，徒一年。期親嫁者，減二等，各離之，女追歸前家，娶者不

坐。」又規定:「諸為婚,而女家妄冒者,徒一年」[1],所以判文稱這種不由父母,以女代姑的婚姻是違背禮法的「惘冒成婚」,須深入調查,嚴加懲處。後一件田智的婚姻,判文首先追究田智裝病「規避王徭」的罪責,因為唐律中有「諸詐疾病有所規避者,杖一百」[2]的條文。其次,婚姻離棄不由父母,也是禮律所不容許的,故判文寫道:「法有畫一之規,禮無再醮之義,違禮如嫁女棄女,皆由父母,縱無恃怙,仍問近親。一紙離書,離書不載舅姑,私放豈成公驗。」不由父母簽字的離書,官府按律不予承認,更何況戶籍留在田家,「籍是生人之大信」,所以判定田智必須回到田家。

　　唐律「一準乎禮」,判文遵禮按法,可說是這件判集文書的一大特點。

　　讀這件判集,另一突出的印象是唐代前期判案多引用律令條文,執法比較嚴肅。上面所說遵禮的幾個案子,都是有律令依據的。同樣,在其他案件中亦是如此。如判集第二個案件中河南丞使用官錢之事,判者明確指出:「準律以官物自貸用,無文記,以盜論;若有文記,減準盜論。」再如第四個案子,說是秦鸞母病,家貧無以致福,於是去進行偷盜,以作塑佛設齋之用。按儒家禮法,為母求福,應為孝子;據唐律條文,偷盜則應據贓懲罪。如何處理這個問題,判文寫得極其透徹明白:「今若偷財造佛,盜物設齋,即得著被孝名,成斯果業,此即齋為盜本,佛是罪根。假賤成功,因贓致福。因恐人人規未來之果,家家求至孝之名。側鏡此途,深乖至理。據禮全非孝道,準法自有刑名。行盜理合計贓,既無匹數,不可懸科。」待落實贓物,才

1　《唐律疏議·戶婚》。

2　《唐律疏議》之《詐偽》、《詐疾病有所避》。

進行「量斷」。這裡明確指出，假孝親之名而盜竊，必將危害社會的安定，不能予以縱容，必須按法計贓進行懲處。

在這份判集中，引律判案、嚴格執法的還有第九、第十一道的判文。第九道判文説的是豆其、谷遂兩人，本不相識，同宿一處，谷邀豆飲，加藥令豆悶亂，因盜其財，當絹十匹。事發用刑，谷擘雙腳，成為殘疾，對此應作如何判處？判文對這個案子，按唐代律令，條分縷析，逐一加以判處，令人歡服。對用藥一事，判文明確説「加藥自當強法」，即嚴格按法律規定處以死刑。因為唐律有規定：「諸以毒藥藥人及賣者絞。」[3]但是該犯用刑後已成殘疾，按《唐律疏議・名例》中規定：「諸犯罪時雖非老疾，而事發時老疾者，依老疾論。」依老疾則可收贖，即輸財代刑，唐律規定死刑「贖銅一百二十斤」，即按此規定判處。至於所盜十匹絹，判文説：「宜依上估。」《唐律疏議・名例》中有一條規定：「諸平贓者，皆據犯處當時物價及上絹估。」其下解釋説：「依令，每月旬別三等估其贓。平所犯旬估定罪，取所犯旬上絹之價。」細續判文，可説條條皆有律令依據。

第十一道判文就是上面曾説到的史婆陀案，史以興販致富，有驍騎尉勳官的身分，但居室服飾，比於王侯，其弟頡利，「家貧壁立」，史卻不予資助。鄰人康莫鼻借衣不得，於是以史有違法式，告到縣衙。根據唐代律令，房舍、衣飾皆有等級規定。《舊唐書・輿服志》載：「貞觀四年又制，三品已上服紫，五品以上服緋，六品、七品服綠，八品、九品以青，帶以鍮石。婦人從夫色。」至高宗時，以為「深青亂紫」，八品、九品改為著碧。又唐《營繕令》規定：「王公已下，房屋不得施重拱藻井。三品已上堂舍，不得過五間九架，廳廈兩頭門

3　《唐律疏議・賊盜》。

屋，不得過五間五架。五品以上堂舍，不得過五間七架，廳廈兩頭門屋，不得過三間兩架。乃通作烏頭大門。勳官各依本品。六品、七品已下堂舍，不得過三間五架，門屋不得過一間兩架。非常參官，不得造軸心舍及施懸魚、對鳳瓦獸、通栿乳梁裝飾。」「諸營造舍宅，於令有違者，杖一百。雖會赦令，皆聽改正。其物可賣者聽賣。若經赦百日不改去，及不賣者，論如律。」[4]案中史婆陀係商人出身，驍騎尉勳官比正六品。高宗、武后時勳官已經氾濫，勳官六品比平民稍高，但沒有什麼權勢。更何況京師重地，史婆陀又是少數民族，談不上有很高的社會地位。這種在京師違式建築及造作服飾、器皿，當然要嚴加懲罰。所以判文説：「此自不懲，法將安措？」怎麼懲處呢？這就是律令所定：「衣服違式，併合沒官。屋宇過制，法令修改。」並且還説：「奢僭之罪，律有明文，宜下長安，任彼料決。」至於其弟頡利貧困，判文説：「頡利縱已別居，猶是婆陀血屬，法雖不合徵給，深可哀矜。分兄犬馬之資，濟弟倒懸之命，人情共允，物議何傷？並下縣知，任彼安恤。」這裡説得很清楚，兄弟分居後，各自過日，按法不能提出分兄的財產，「法雖不合徵給」，就指的是這個意思。但從禮法來説，兄弟友悌，所以行判者建議「分兄犬馬之資」，至於要分多少？就讓長安縣與史婆陀去商量解決。從這一案的判文可知，唐代前期判案中必須按律令辦事，執法是非常嚴格的。

　　讀 P.3813《唐判集》還有一點值得後人借鑑的是，在處理案件中，行判者非常重視調查研究，講求實際，使每個案件得以得到合情合理的處理。上面説到的一些案子中都強調過這一點，説秦鸞行竊造佛設齋一案，判文中説「更問盜贓，待至量科」，即是要求調查出贓物多

4　《唐會要》卷三一《雜錄》。

少，以便定罪。阿劉兒以女代姑出嫁一案，判文中說到「兩家事狀，未甚分明，宜更下推，待至量科」，也是要求深入調查，據實判刑。其他案件如石崇雇原憲淘井一案，折衝楊師七十強仕不退，其子詐疾不上番宿衛一案，皆是如此。石崇雇原憲淘井一案，說原憲在淘井中井崩被壓致死，崇不告官，將屍體棄於青門外，被武侯巡檢時發現報官。判文說：「執崇雖復送官，仍恐未窮由緒。直云壓死，死狀誰明？空道棄屍，屍仍未檢。檢屍必無他損，推壓復有根由，狀實方可科辜，事疑無容斷罪，宜勘問得實，待實量科。」這裡判者明確指出，許多情況尚未調查清楚，需要深入調查，例如原憲是否就是淘井時壓死？屍體檢驗過沒有？壓傷以外有沒有其他傷痕？井崩之處是否實地勘察過？判文中一一提了出來，從中可見判案者重視調查、實地取證的求實精神。折衝楊師一案，指出「七十車懸」是國家的規定，「何得自比廉頗，安居爵祿」，而子又「託疾推延，不令侍衛」，本來這些皆可據以定罪，但判者「恐傷猛浪」，下令對其子患疾進行檢驗，然後「檢勘待實量科」，充分體現了判事者講真求實、謹重用刑的用心。

根據律令合情合理地處理案件，在李陵征遼立功，李膺、郭泰船覆溺水及選人質馬、馬倒主人索賠三案中都顯示了這一點。李陵一案，說他臨陣亡弓失馬，可他「援石代戈」，奮勇進擊，敵人潰敗，於是總管敘勳第一。但是兵部以陵「臨陣亡弓」，不予記勳。對此應作何處理呢？判事者分析說：「軍事多權，理不專一。陵或不便乘馬，情願步行；或身拙彎弓，性工投石，不可約其軍器，抑以不能。苟在破軍，何妨取便。」首先肯定了李陵破敵的功勳，指出了不應限定用何種軍械才能立功的看法。繼之，判文又寫道：「若馬非私馬，弓是官弓，於戰自可錄勳，言失亦須科罪。」也即是說勳是一定要錄的，亡弓失馬問題，如是官物，亦應有罪過，兩者應分開評判。只有這樣，才能做

到「賞罰合宜，功過無失」。所以判文撰者提出要求先行落實弓馬是否官物的問題，然後再加以判斷。現在我們讀這一則判文，也深感判事者深入細緻，判得合情合理，令人信服。

李膺、郭泰舟覆溺水一案，説兩人落水後，共爭一橈（船槳），泰爭得後游至岸邊得救，膺則失橈溺死。膺妻宋氏乃告郭泰害死其夫。判文撰者認為，「膺死元由落水」，「溺死豈伊人咎？」指出李膺之死在於舟覆落水，並不是郭泰所害，宋氏告官，只是「夫妻義重，伉儷情深」，可以理解，所以判文最後寫道：「宋無反坐，泰亦無辜」，不應再為此糾纏了。

選人質馬一案，講的是選人質馬向省，泥深馬瘦，因而馬倒致殂，馬主要選人賠償，這裡寫判的人作了一個反問，説馬死因人，要進行賠償，那麼，「馬倒不傷，人便致死」，馬主是否承擔人命案呢？所以判文寫道：「以人況馬，彼此何殊，馬不合賠，理在無惑。」

從李膺溺死和選人質馬可以看出，判案得從實際情況出發，入情入理地分析案情的緣由，並從正反兩面加以考慮，才慎重地作出判斷，這應當説是難能可貴的。

P.3813 判集所涉及的面甚廣，有些問題尚需進一步研究，如宦者繆賢娶妻問題、阿劉新婦趙氏產子不舉問題等等。還有些語句難以釋讀，不知所云，更談不上研究了。這裡所談幾點，也只是自己讀這份卷子的一些體會，很不成熟，盼能得到學界同人的指正。

（原載《敦煌學輯刊》1996 年第一期）

五涼政權與西域

　　今日甘、新兩省區，是古代中西陸路交通的必經之地。歷來研究中西交通史的學者，多著重於論述漢唐兩代的業績，而對於魏晉一段，特別是十六國時期，則甚少著力。甚至給人以這樣的印象：當時中原紛亂，軍閥紛爭，中原政權無力西顧，對西域經營已處於停頓狀態，中西交往亦幾乎斷絕。有些通史著作，對此段時期的西域狀況往往也略而不述。事實上這種看法是不全面的。在這一時期，中原政權雖因內部分裂割據，與西域的連繫曾受到一定的影響，但並未中斷，特別是靠近古稱西域的、在今甘肅境內建立的幾個稱「涼」的政權，這時與西域各國的連繫仍是非常密切的。可以這樣說，稱「涼」的幾個政權，曾為中國西部各族的融合，為中原與西域的經濟、文化交流作出過重要的貢獻。

　　一

　　自張騫始通西域，至漢宣帝神爵三年（前 59）以鄭吉為西域都護，漢之號令已頒於西域，使中原與西域在政治、經濟等各方面的連繫大大地加強了。西漢末，經王莽之亂，匈奴勢力重新進入西域。至

東漢和帝時，於龜茲設西域都護，於高昌壁設戊己校尉，西域再次為東漢王朝所統一。後來雖有過反覆，東漢王朝一度在敦煌設西域副都護，對西域各國僅羈縻而已，但到漢安帝時，敦煌太守張上書請擊匈奴，乃以班勇為西域長史，進屯柳中（今新疆鄯善縣魯克沁鎮），平車師，降于闐，於是龜茲、疏勒、于闐、莎車等十七國皆來服從。東漢於伊吾（今新疆哈密）置司馬，繼續屯田。一直到桓帝、靈帝時，因國內紛爭，關係才逐漸疏遠下來。

三國時期，《三國志》一書沒有《西域傳》，但在其書的《烏丸鮮卑東夷傳》中曾寫道：

魏興，西域雖不能盡至，其大國龜茲、于闐、康居、烏孫、疏勒、月氏、鄯善、車師之屬，無歲不奉朝貢，略如漢氏故事。

三國時曹魏與西域的交往，見於記載的有：

延康元年（220）三月，「焉耆、于闐王各遣使奉獻」。（《三國志‧魏書‧文帝紀》）

黃初二年（221），敦煌長史張恭「拜西域戊己校尉。數歲征還，將授以侍臣之位，而以子就代焉」。（《三國志‧魏書‧張恭傳》）

黃初三年二月，「鄯善、龜茲、于闐王各遣使奉獻。……是後西域遂通，置戊己校尉」。（《三國志‧魏書‧文帝紀》）

太和三年（229）十二月，「大月氏王波調遣使奉獻，以調為親魏大月氏王」。（《三國志‧魏書‧明帝紀》）

景初三年（239）二月，「西域重譯獻火浣布」。（《三國志‧魏書‧三少帝紀》）

上述記載之外，《三國志‧魏書‧崔林傳》還說到，崔林在魏文帝時曾任大鴻臚，其時：

> 龜茲王遣侍子來朝，朝廷嘉其遠至，褒賞其王甚厚。餘國各遣子來朝，間使連屬，〔崔〕林恐所遣或非真的，權取疏屬賈胡，因通使命，利得印綬，而道路護送，所損滋多。勞所養之民，資無益之事，為夷狄所笑，此曩時之所患也。乃移書敦煌喻指，並錄前世待遇諸國豐約故事，使有恆常。

本世紀以來，在羅布泊至民豐、于闐等地的遺址發掘中，曾出土不少魏晉的簡牘，其中就有「景元」、「咸熙」年號，屬曹魏時期的遺物。在《流沙墜簡》一書中，王國維先生對這些發現曾進行過細緻的考釋，以為曹魏在置戊己校尉的同時，即置西域長史，駐於海頭（羅布泊樓蘭遺址）；並指出，《三國志‧魏書‧倉慈傳》中所說，倉慈死後，西域諸胡「悉共聚於戊己校尉及長吏治下發哀」，這「長吏」的「吏」字，應是「史」字之誤。

這樣，我們大致可以知道，曹魏同東漢時一樣，於西域設長史，駐海頭；設戊己校尉，駐高昌。由這兩個機構管理西域事務。至於西域各國內部事務，由各國首領自己管轄。據《三國志‧魏書‧烏丸鮮卑東夷傳》注引《魏略》所記，當時新北道有東、西且彌國、單桓國、畢陸國等，皆屬車師後部王，王治於賴城，魏賜其王壹多雜守魏侍中，號大都尉，受魏王印。這同上面所引大月氏王波調類似，只不過大月氏距魏甚遠，力所不及，故封為「親魏大月氏王」，僅羈縻而已；車師後部王則離西域長史、戊己校尉較近，受魏影響較大，故未得封王，僅為「守侍中」，「號大都尉」。名義上雖有差別，實際上這些國還

是尤其首領管理的。至於《魏略》說到西域「於今有二十道」。道雖為兩漢有蠻夷居住的縣一級的行政機構，但其具體情況則不得而知了。

在三國時期，洪亮吉《補三國疆域志》敦煌郡下有伊吾縣，其下注說：「《元和郡縣志》，漢置伊吾司馬，至魏立為縣。」因此，有同仁以為這是郡縣制度推行到今新疆維吾爾自治區的最早記錄。其實，《元和郡縣圖志》卷四「伊州」條下在「至魏立伊吾縣，晉立伊吾都尉」兩句之後，又說：「並寄理敦煌北界，非今之伊州。」曹魏於今新疆立縣之說，似難以確認。

至西晉時期，司馬氏統一中原後，仍繼曹魏的設置，於海頭、高昌分設西域長史與戊己校尉來處理西域事務。根據《晉書·武帝紀》的記載，晉初似乎在西域發生過反晉事件：

咸寧元年（275）六月，「西域戊己校尉馬循討叛鮮卑，破之，斬其渠帥」。

咸寧二年（276）秋七月，「鮮卑阿羅多等寇邊，西域戊己校尉馬循討之，斬首四千餘級，獲生九千餘人，於是來降」。

好像經過這兩次戰鬥之後，西域安定下來了。至太康六年（285）冬十月有「龜茲、焉耆國遣子入侍」的記載。此外，在《晉書·四夷傳》中，還曾記載有：大宛在泰始中「遣使貢汗血馬」，康居王那鼻「遣使上封事」，大秦王於太康中「遣使貢獻」等等。

更值得注意的是，《流沙墜簡》的《補遺考釋》中曾提到於尼雅河下游發現的四枚木簡，是西域長史營抄寫大鴻臚下給西域各國逮捕罪人的文書，其中三、四兩簡寫的是：「晉守侍中大都尉奉晉大侯親晉鄯善、焉耆、龜茲、疏勒、于闐王……」，經王國維先生考證，此五國為

西域長史所統轄。與這些簡同出一地的尚有西晉時關吏所錄「過所」的簡牘，其中有敦煌太守於泰始五年（269）十月簽發的記錄。

以上說明，魏晉時期，中原與西域的交往並沒有中斷，關係仍是密切的。特別是在西晉統一全國之後，西域各國不僅接受西晉封號，而且皆遣子入侍。西晉政權還可向西域諸國下達限期逮捕罪人的命令，這同兩漢時期的有效行政管理是基本相同的。

三國是一分裂混戰的時期，西晉統一的時間也很短，接著又是更長的分裂割據時代。可以這樣說，中原各割據政權都忙於相互吞併，沒有更多的餘力顧及西域，可是，就在這樣的情況下，西域各國卻不斷遣使入貢，魏晉兩代，也包括後來靠近西域的一些政權都能夠行使行政職權，而並不像兩漢時期一樣，西域總同中原對抗，這是什麼原因呢？我以為這應從西域周圍形勢的變化及西域本身的條件兩個方面進行探討。

從魏晉時期西域周圍的形勢角度考察，自東漢匈奴分裂為南、北兩部以後，北匈奴幾經打擊，有些加入鮮卑，有一部分西遷西域，至東漢末年，逐漸銷聲匿跡；南匈奴降漢，被安置在北邊諸郡，如北地、朔方、五原、雲中、定襄、雁門、代郡、上谷等地。後來在朔方、上郡、西河一帶的部落，又逐漸向南進入汾河流域，與漢人雜居在一起。到曹操執政時，他將汾水流域的匈奴分為五個部落，派漢人任司馬實行監督，使之再也無力反抗中央政權。這樣，自兩漢以來，對中原政權威脅最大的北方強敵匈奴，徹底崩潰了。匈奴瓦解後，鮮卑檀石槐在東漢後期曾一度據有匈奴故地，役屬西域諸國，但在檀石槐死後，部落離散，漠北仍處於分裂狀態。這也就是說，東漢後期至魏晉時期，在中原出現軍閥混戰的同時，漠北也未曾出現一個強大的游牧帝國。因此，這時也就沒有可能出現一股強大的勢力來役屬西

域，使之與中原王朝相對抗。

從西域各國本身的狀況考察，由於自然條件的限制，在今新疆境內，古代曾出現過許許多多的小國，這就是《漢書》上所説的西域三十六國，或者是《後漢書》上所説的五十五國。實際上，這些小國都是一塊綠洲一個王國。他們之間，不相統一，征戰不已。當漠北出現一個強大的游牧帝國時，如匈奴、柔然、突厥等等，西域各國往往為這些強大的游牧帝國所役屬。游牧帝國統治階級的暴虐與掠奪，給西域各國人民帶來了深重的災難，所以，在中國古代的歷史上，西域各國為抗擊游牧貴族的掠奪，都願與中原王朝保持密切的連繫。魏晉時期，漠北雖無大的威脅，但西域各國為保持均衡和相對安定的局面，爭取中原政權強有力的支持，也是非常必要的。

基於以上兩個原因，所以魏晉兩代，西域各國都不斷主動地向中原強有力的王朝進貢，用以爭取外援，維持均衡，保持自身的獨立。

二

五涼是建立在今甘肅河西走廊和青海湟水流域的五個政權。這些地方割據政權在中國古代的歷史上雖然都只能説是一些小國，力量並不很強，但對於西域分散的綠洲小國來説，卻仍是值得依靠的力量。也正是出於這個原因，當這些稱「涼」的政權（南涼離西域稍遠，主要是前、後、西、北四涼，習慣上把這些稱五涼政權）處於比較穩定的狀態時，西域的綠洲王國也同魏晉時期一樣，便主動與之連繫，爭取它們的支持。

永嘉亂起，河西走廊為晉涼州刺史張軌所轄。當時中原紛爭，河西又有鮮卑反叛，所以張軌在鎮壓走廊內部叛亂之後，全力支援司馬氏政權，根本無力向西發展。經張寔、張茂，到張駿統治時期，東向取得河州，前趙劉曜的長安政權又為石勒所牽制，這個都於姑臧（今

甘肅武威）、史稱「前涼」的張氏政權，已基本穩定下來了。也正是在
這一時期，我們在《十六國春秋輯補・前涼錄》中看到如下記載：

太元四年（327），「西域獻汗血馬、火浣布、犛牛、孔雀、巨象及
諸珍異二百餘品」。

「西域長史李柏，請擊叛將趙貞，為貞所敗。議者以柏造謀致敗，
請誅之，駿曰：『吾每以漢世宗之殺王恢，不如秦穆之赦孟明。』竟以
減死論，群心咸悅。」

太元六年（329），「初，戊己校尉趙貞不附於駿，至是駿擊擒之，
以其地為高昌郡」。

太元十一年（334），「使其將楊宣率眾越流沙，伐龜茲、鄯善，宣
以其部將張植為前鋒，……於是西域並降」。

太元十二年（335），「鄯善王元孟獻女妹好，號曰『美人』，立賓
遐觀以處之。焉耆、前部、于闐王並遣使貢方物」。

從上幾段資料得知，前涼繼魏晉仍置有西域長史及戊己校尉。張
駿時，長史為李柏，校尉為趙貞，都是由前涼派出的官員。趙貞曾經
背叛前涼，打敗長史李柏。但過了兩年，趙貞被擒，張駿於其地置高
昌郡。今新疆之有郡縣，有可靠根據的應起於此時。關於這點，《晉
書・地理志》亦有記載：

張駿分……敦煌、晉昌、高昌、西域都護、戊己校尉，玉門大護
軍三郡、三營為沙州。

平定趙貞，建立高昌郡，增強了前涼在西域的勢力，但並不等於

西域各國都已臣屬於前涼。正如上面所述，西域各國主動朝貢，只不過是出於爭取外援、保持均衡的目的，內部事務還是各行其是的。所以，張駿在高昌建郡之後，進一步向西擴展，派大將楊宣越流沙，擊敗龜茲、鄯善等國。到這時，西域一些小國才正式臣屬於前涼。

關於前涼的這些史事，漢晉遺書、敦煌卷子中亦有印證。如李柏為西域長史一事，《流沙墜簡》的《附錄》中即載有日人橘瑞超從羅布泊西北古城所得的《前涼西域長史李柏表文》的草稿。經考證，是張駿平定趙貞後，李柏再任西域長史時所定的，是通報與焉耆使臣往來之事。其中說到「海頭」的地名，也說到「詔家」派人「慰勞諸國」的字句。海頭，應即是西域長史的駐地；「詔家」即指張駿或其子張重華的前涼政權統治者；「諸國」即指西域北道諸國。這說明前涼與西域各國的連繫比前更緊密了。

前涼平定西域一事，史書只記載了是大將楊宣率軍前往的，但楊宣何職，不得其詳。敦煌發現的《沙州圖經》卻為我們提供了些信息：

1.陽開渠，長一十五里。

2.　　右源在州南十里，引甘泉。舊名中渠。據《西涼

3.　　錄》，刺史楊宣移向上流，造五石斗門，堰水溉

4.　　田，人賴其利，因以為號。

　　××××

1.北府渠，長卅五里。

2.　　右源在州東三里甘泉上中河斗門，為其渠

3.　　北地下，每年破壞，前涼時刺史楊宣以家粟萬斛，

4.　　買石修理，於今不壞。

這裡稱楊宣為刺史，則應是州一級長官，上引《晉書·地理志》說到，張駿以西邊三郡、三營為沙州，則文書所指刺史楊宣，應即是

沙州刺史了。

　　西元三七六年，前涼為前秦所滅，苻堅以梁熙為涼州刺史。僅過兩年，苻堅建元十四年（378），西域諸國即主動前來朝貢：

　　先是，梁熙遣使西域，稱揚堅之威德，並以彩繪賜諸國王，於是朝獻者十有餘國，大宛獻天馬千里駒，皆汗血朱鬣五色，鳳膺麟身，及諸珍異五百種。

　　建元十七年（381），「鄯善王、車師前部王來朝，大宛獻汗血馬，肅慎貢楛矢，天竺獻火浣布，康居、于闐及海東諸國，凡六十有二王，皆遣使貢其方物。」[1]

這裡的西域，高昌仍為前秦最西的一郡，苻堅兄子苻陽謀反，曾被徙於高昌。後來呂光西征東還，高昌太守楊翰曾建議涼州刺史梁熙拒守高梧、伊吾兩關，表明高昌郡仍然存在。至於西域各國，正如車師前部王彌寘、鄯善王休密馱朝貢時所說：

　　大宛諸國，雖通貢獻，然臣節未純，請乞依漢置都護故事。若王師出關，請為鄉導。[2]

這也就是說，在前秦繼前涼統轄西域的過程中，靠近前秦的車師前部王、鄯善王仍是臣屬前秦的，而稍遠的焉耆、龜茲、溫宿、尉頭、大宛諸國，則因前涼的滅亡而又疏離了。因此，在西元三八三年，苻堅

1　《十六國春秋輯補・前秦錄》。

2　《十六國春秋輯補・前秦錄》。

命呂光率軍七萬出征西域,並以車師前部王為西域都護,充作嚮導。當年,焉者請降;第二年,呂光戰敗龜茲及其來援的溫宿、尉頭等軍,「王侯降者三十六國」。苻堅於是以呂光為西域校尉。這樣,苻秦在西域應有二個機構,一是在龜茲的西域校尉,一是在高昌的西域都護。

也正在此時,苻堅淝水戰敗,前秦瓦解,呂光東回,在西元三八六年,於姑臧建立起後涼政權。呂光曾以高昌地居形勝,「外接胡虜,易生反覆」,以其子呂覆為西域大都護,坐鎮高昌,威懾西域。但是,呂氏政權從建立之日起,就不斷內爭外戰,極不穩定。西元三九七年,段業、沮渠蒙遜起於建康(今甘肅高臺縣駱駝城),禿髮烏孤起於廉川堡(今青海民和縣西北)。西元四○○年,李暠起於敦煌,在河西走廊及湟水流域,出現了後涼、南涼、北涼、西涼四個政權並存的局面。在這些政權中,西涼緊靠西域,所以李暠於西元四○五年遷都酒泉之後,第二年鄯善、車師王即來貢獻。李暠在上東晉安帝表中說到,「敦煌郡大眾殷,制御西域,管轄萬里」,又說他以李讓為敦煌太守是為了「統攝昆裔,輯寧殊方」[3],可見西涼與西域的密切關係。

西涼立國僅二十一年,西元四二○年為北涼沮渠蒙遜所滅。隨著西涼的滅亡,西域的制御權也轉入北涼之手。《十六國春秋輯補·北涼錄》載:

玄始十年(421),「於是鄯善王比龍入朝,西域三十六國皆詣蒙遜稱臣朝貢」。

玄始十四年(425)七月,「西域貢吞刀,吐火秘幻奇伎」。

---

3 《晉書》卷八七《涼武昭王李玄盛傳》,第2264頁。

　　在《晉書‧沮渠蒙遜載記》中還說到，蒙遜的司馬隗仁東擊西秦時，為乞伏熾磐所俘，後來放回，「以為高昌太守，有惠政之稱，然頗以愛財為失」。可見西域仍在北涼統屬之下。不過，在這一段的歷史中，有一點值得注意的，就是柔然在五世紀初不斷強大，雄踞漠北。四二〇年，其首領郁久閭社崙自稱丘豆伐可汗，拓地甚寬，「其西則焉耆之地，東則朝鮮之地，北則渡沙漠，窮瀚海，南則臨大磧，其常所會庭則敦煌、張掖之北」[4]。柔然這時勢力亦進入西域。至大檀時，「西域諸國焉耆、鄯善、龜茲、姑墨東道諸國，並役屬之」[5]。當沮渠蒙遜滅西涼之後，李暠之孫李寶，原被俘至姑臧，後來隨舅唐契西奔伊吾，臣於柔然。這時，原在西涼統治下的二千戶河西漢族，向西遷徙，投依李寶，可說此為河西向西域地區的一次大規模的移民。

　　在柔然強大的同時，北魏拓跋氏亦迅速崛起，到拓跋燾在位時（424-452）逐步統一了北中國。由於兵強勢壯，西域諸國亦曾主動前來朝貢。《魏書‧西域傳》說：

　　太延中（435-440），魏德益以遠聞，西域龜茲、疏勒、烏孫、悅般、渴槃陀、鄯善、焉耆、車師、粟特諸國王始遣使來獻。世祖以西域漢世雖通，有求則卑辭而來，無慾則驕慢王命，此其自知絕遠，大兵不可至故也。

拓跋燾把西域貢獻的目的，真是一語道破。北魏初年與西域交往，都是通過河西走廊，由北涼派人護送的。鑒於北魏之強，沮渠蒙遜在統

4　《魏書》卷一〇三《蠕蠕傳》，第 2291 頁。

5　《宋書》卷九五《索虜傳》，第 2357 頁。

一河西之後不久，即入貢於魏。西元四三一年，遣子沮渠安周入侍。至蒙遜死，子牧犍繼位，拓跋燾又令其世子封壇入侍，並以妹武威公主嫁於牧犍，用以羈縻北涼及聯絡西域各國。但隨著北魏在中原統治的鞏固，為向西擴張，於是以「牧犍雖稱藩致貢，而內多乖悖」為理由，下詔征討。在詔書所列的十二條罪狀中，其中有兩條涉及與西域交往之事，即「知朝廷志在懷遠，固違聖略，切稅商胡，以斷行旅」，「揚言西戎，高自驕大」。至西元四三九年，牧犍出降，北涼敗滅。

在牧犍降魏之後，其弟無諱還曾一度據有酒泉，但在北魏大軍攻擊下，無諱先遣弟安周率眾五千，度過流沙，西擊鄯善，以後又自「將萬餘家，棄敦煌，西就安周」。這是五涼時期第二次較大規模的河西人戶遷入西域。鄯善王比龍在北涼殘餘勢力的攻擊下，西奔且末，無諱、安周遂據有鄯善。

在沮渠氏殘餘勢力進入西域之時，當時西域東部有三股力量，即在鄯善的沮渠無諱，在伊吾的唐契，還有一個在高昌自稱太守的闞爽。伊吾唐契為擴大勢力，曾率眾西攻高昌，闞爽因此求救於鄯善的無諱。於是無諱引兵北上。而在這一過程中，柔然出兵攻殺唐契，高昌解圍，而無諱至高昌後，乘機擊敗闞爽，遂據有高昌。僅二年，西元四四四年，無諱死，安周繼位，他進一步滅掉西部交河城的車師前部王車伊洛，統有整個吐魯番盆地，自稱涼王，建立起一個獨立的地方王國。《涼王大沮渠安周功德碑》就是當年沮渠安周建於高昌城中央佛寺遺址的東南角上。可惜此碑為德國人格倫威爾運至柏林後，毀於第二次世界大戰的柏林戰火。這個北涼的殘餘政權，一直到西元四六〇年為柔然所滅，柔然另立闞伯周為高昌王，吐魯番盆地進入高昌國時期。

在柔然不斷向西擴張的時候，北魏亦不斷西進。沮渠氏由鄯善北

上高昌後，拓跋燾即遣萬度歸進取鄯善，留軍屯守，後來，「拜交趾公韓拔為假節、征西將軍，領護西戎校尉、鄯善王以鎮之。賦役其人，比之郡縣」[6]，大大地加強了統治力量。接著，北魏又進一步逼降焉耆、龜茲、于闐、疏勒等國，西域成了北魏與柔然爭奪的場所了。

三

從上所述可見，五涼時期，幾個涼政權與西域的關係是極為密切的。稱「涼」的幾個政權雖為地方割據政權，但它繼承了魏晉以來對西域的控制權。西域各小國為尋求保護與支持，都曾主動與這幾個政權連繫。也正是在這一段時期，稱「涼」的政權第一次在西域設立郡縣，實行更有效的行政管理。不僅如此，由於中原離亂，人口大量西移，進入河西，而後河西四涼並立，爭鬥不已，於是河西人口再向西遷入西域。西涼、北涼滅亡後，河西人口二次西入西域，這就是最好的說明。應該認為，五涼時期對西域的開發是起了重要作用的。

這裡特別要提出的，是二十世紀以來，尤其是新中國成立以來，吐魯番地區出土的大量文書，為我們了解五涼時期與西域各國的關係提供了更具體、更可靠的資料。

《吐魯番出土文書》十冊是由武漢大學教授、國家文物局古文獻研究室主任唐長孺先生主編的。文書主要出自吐魯番阿斯塔那和哈拉和卓的古墓。其中第一冊所收的十六個墓的出土文書，都是涉及五涼時期的資料。其中以西涼、北涼的文書為最多。這些文書涉及政治、軍事、經濟、文化等各個方面，內容十分豐富。在這裡僅作簡略的介紹。

涉及前涼的有哈拉和卓 3 號墓和阿斯塔那 39 號墓的文書，共五種。署有「建興三十六年」絹質柩銘的哈拉和卓 3 號墓，出土文書有

6　《北史》卷九七《西域傳》，第 3208 頁。

《前涼王宗上太守啟》和一份殘券。建興是西晉愍帝的年號，僅四年，即西元三一三至三一六年。建興四年十一月，愍帝降於劉曜，西晉亡。據《晉書‧張軌傳》所説，「太寧元年（323），〔張〕駿猶稱建興十二年」，又説，「〔駿〕雖稱臣於晉，而不行中興正朔」。這就是説張駿不按東晉紀年，愍帝雖降，而張氏仍沿用愍帝建興年號。太寧為東晉明帝年號，太寧元年，即西元三二三年，如按愍帝建興年號，則西元三二三年正是建興十二年。該墓柩銘書建興三十六年，則應是西元三四八年，也即是張重華執政的第一年，此時高昌仍是前涼的一郡。阿斯塔那三十九號墓出土有《昇平十一年王念賣駝券》及兩份殘券。昇平為東晉穆帝年號，僅五年，即西元三五七至三六一年，沒有昇平十一年。但我們結合前涼史事得知，張重華死後，其子耀靈嗣位，不久即為其伯父張祚所殺，張祚自立，「改建興四十二年為和平元年」[7]，僅三年，為其部下張瓘攻殺。張瓘立耀靈弟玄靚，於是「廢和平之號，復稱建興四十三年」，後來張天錫執政，「改建興四十九年，奉昇平之號」，於是在高昌地區出現了昇平的年號。昇平五年，穆帝死，哀帝立。哀帝立四年死，廢帝立，年號為太和。昇平十一年，實為廢帝太和二年，也即西元三六七年。如果從前涼統治者來算，正是張天錫殺玄靚自稱涼州牧的第五年。這份賣駝券未説明是用錢或物買賣的，但其中説到賣買二主不能「還悔」，「若還悔者，罰毯十張供獻」。反悔罰毯，説明當時高昌實物交換仍是主要的。

　　西元三七六年，前涼為前秦所滅，西域為前秦所轄。阿斯塔那 305 號墓有《前秦建元二十年韓盆為自期召弟應見事》文書：

<hr>

7　《晉書》卷八六《張軌傳》，第 2246 頁。

1.建元廿年三月廿三日，韓盆自期二日召

2. 弟到應見。逋違，受馬鞭一百。期

3. 具。

建元二十年，為苻堅執政的最後一年，也即西元三八四年。此時，淝水之戰已敗，苻秦正趨於迅速瓦解之勢。但西邊的涼州和西域尚在前秦官吏嚴格控制之下，特別是呂光西征，建元二十年破龜茲，威震西域，各國順服。文書説到韓盆二日召弟應見，「違受馬鞭一百」，應是他向官府保證的一個期限，可能是其弟逃避某種徭役而迫其立限追回。可見這時前秦對高昌仍實行著有效的行政管理。

淝水戰後，前秦很快覆滅，呂光西征東返，建立了後涼。但從第一冊所刊文書來看，沒有後涼的遺留。我猜測有兩個原因：一是從所刊文書得知，屬於前涼、前秦的文書甚少，是否發掘的墓葬多為後期的？後涼以前的墓還未曾挖出？二是後涼立國很短，從西元三八六年呂光改元大安，自稱涼州牧，到西元四〇三年呂隆降於後秦，僅只十八年。就在這短短的十八年中，後涼內部還是篡奪相繼，內爭不斷。在西元三九七年，段業等即起於建康，隔斷了後涼與西域的連繫。所以，實際上後涼統有西域僅十多年時間，時間短，遺留當然也就少了。

西元三九七年，段業自稱涼州牧、建康公，改元神璽。到西元三九九年，又改元天璽。西元四〇〇年，李暠建西涼，隔斷北涼與西域間的連繫，一直到西元四二一年沮渠氏滅西涼，北涼才再統有西域。西元四三九年，沮渠氏被趕出河西，在高昌地區，則延續到西元四六〇年沮渠安周為柔然所滅才止。在這段時間裡，出土文書較多，收在第一冊中的十六個墓的文書，明確涉及西涼的有四個墓，涉及北涼的有七個墓。

段業剛建北涼時的年號為神璽，這一史實在文書中即有記錄。阿斯塔那59號墓出土有《北涼神璽三年倉曹貸糧文書》：

1.　　　　　主者趙恭、孫殷：今貸深石　　　　
2.　　　　拾斛，秋熟還等斛，督入本　　　　
3.　　　克給。明案奉行。
4.　　　　　　　　神璽三年五月七日起倉曹
5.□簿況　　　　　錄事朗位白。

神璽僅兩年，這裡所說三年，應是高昌路遠，不知三年（399）已改天璽。文書是倉曹給主管趙恭、孫殷的批件，說貸給某人幾拾斛糧食，秋熟相等償還。這件文書說明北涼建立之初，其政令即在高昌得到了貫徹。

西涼建立之後，西域為西涼所轄，第一冊出土文書中除了有李暠建初年號（405-416）的隨葬衣物疏之外，還有建初年間租賃蠶桑、人貸糧食的殘文書。在西涼文書中，值得注意的有兩件，一是哈拉和卓91號墓出土的《西涼建初四年（408）秀才對策文》和阿斯塔那59號墓出土的《西涼嘉興四年（420）殘文書》。前一件共七十行，應是李暠親自參加的一次「策問」，對策者為諮、馬駑、張弘。所問提了五個問題，如何以上古易治而今難理？《詩》何故以《關雎》為首？等等。從這件文書可知，西涼仍繼漢晉實行察舉，州選秀才，郡舉孝廉。後一件僅有幾個字：

1.嘉興四年　　　　
2.博士頡

3.. 　　　□凌、宋□＿＿＿＿

　　嘉興為李恂年號，僅四年，即西元四一七至四二〇年。也就在這一年，沮渠蒙遜攻陷酒泉、敦煌。這件僅有幾個字的文書，卻使我們知道郡置博士，不是《通典》所說的起於隋代，西涼即已建置。兩件文書更加深了我們對西涼大力提倡儒學的認識。

　　北涼文書較多，約有七八十件。從文書年號來看，除了有沮渠蒙遜的玄始、義和，沮渠無諱和沮渠安周的承平以外，還有貞興、緣禾年號的文書，與有玄始紀年的北涼文書同出於一個墓中，書有貞興年號的有四件，書有緣禾年號的有三件。貞興是十六國時夏國赫連勃勃的年號。他於西元四一九年改昌武為貞興，共六年，至西元四二五年赫連昌繼位，改元永光。文書署有貞興六年紀年的兩件，七年的一件，有貞興無具體年代的一件。檢尋文獻，夏未統轄過西域，也未見有北涼稱臣於夏的記載。《晉書·赫連勃勃載記》說到，沮渠蒙遜曾與赫連勃勃結過盟，是兩相平等的；未為臣屬，是否在以後夏取長安之後，北涼為要拉夏作外援，用以牽制西秦、南涼，因而向夏稱臣？那就不得而知了。這也僅是一種猜測。有緣禾年號的三件，兩件是五年、六年的隨葬衣物疏，一件是翟阿富殘券。北涼無緣禾年號，只有義和、永和年號。因此，有人曾懷疑緣禾為義和之誤。但出土文書中，我們即見到有《義和二年殘文書》、《義和三年幢趙震上言》、《義和某年員崇辭為眼痛請免屯守事》、《義和某年兵曹行罰部五人文書》等六件文書，所以，我們以為緣禾不應是義和之誤。文書編者從酒泉白雙氏造經石塔上刻有「涼故大且渠緣禾三年歲次甲戌」得知甲戌為西元四三四年，即北魏拓跋燾延和三年，也即北涼沮渠牧犍永和二年。上面我們述及，沮渠蒙遜父子曾經稱臣於魏，在高昌出現北魏年

號是完全有可能的。只不過延和僅有三年，而文書有五年、六年，可能是當時北涼並未嚴格按照北魏紀年的緣故。

在出土的北涼文書中，不僅件數多，內容也極為豐富。既涉及北涼在高昌的行政建置，兵役、徭役徵發，買奴、買婢文書及借貸文書，也發現有關佛教、古代典籍的寫本等等。

根據第一冊所收的文書，北涼高昌郡已不是僅有田地一縣，而已有高昌、田地、橫截、高寧四縣。在縣之上，有督郵的設置。督郵是漢代郡太守的佐吏，每郡設二至五部不等，掌督察糾舉，宣達命令等事，北涼文書中即有「東部督郵」、「中部督郵」、「下二部督郵」的記載。縣的僚屬有主簿、兵曹、鎧曹、錄事等等。縣以下，也同內地一樣有「都鄉」及「里」的基層組織，這說明郡縣行政組織是非常健全的。

關於兵役、徭役文書，所占比重最大。我們從這些文書中可知農民兵役、徭役負擔甚重，常被徵調去從事戍邊、守海、屯田、治幢、守水等事，還要代養軍馬、官馬，失馬就得賠償，其中一件就是《北涼玄始十二年失官馬責賠文書》。農民因負擔太重，於是設法逃避，消極怠工，遭受處罰。反映在文書中即有上面曾引到過的員崇為眼痛請免屯守事，還有如《兵曹補代馬子郭氏生文書》，《催遣部伍殘文書》、《兵曹行罰部五人文書》、《兵曹白為胡愍生永除□佃役事文書》等等。在北涼文書中，還有《功曹下田地縣符為以孫孜補孝廉事》、《買奴殘文書》、《北涼承平八年翟紹遠買婢券》、《北涼承平五年道人法令弟阿奴舉錦券》、《北涼玄始十二年翟定辭為僱人耕事》，以及《古寫本〈佛說七女經〉》、《古寫本〈毛詩關雎序〉》等等，反映了北涼高昌地區仍實行察舉，有奴婢買賣、僱人耕地、借貸舉債等具體事例，也使我們了解到高昌文化、宗教的具體狀況。

總之，吐魯番地區出土的五涼時期的文書，使我們更清楚地了解

到在魏晉以後中原大亂的時期，被稱為涼州的今甘肅河西地區，與古
稱西域的今新疆吐魯番盆地，有著密切的政治、軍事、經濟、文化的
連繫。自張騫「鑿空」以來，經河西而至西域的這條古代陸路通道，
在這一時期仍起著重要的作用。

（原載《絲綢之路》試刊號，1992 年）

涼州文化與武威的開發

一

　　近年以來，「西部文學」、「西部電影」、「西部文化」等名詞，不斷見諸報刊。就其內容來說，大多是黃土高原上的人情風俗及民間歌謠、故事；就其地域來看，似乎絕大多數是在今陝西省的境內。今日的陝西省，在建國初行政區域劃分時，屬於西北行政區，同時，陝西北部的黃土高原，占全省面積的百分之四十五，在陝西提倡「西部文化」、「西部電影」，應當說是有所根據的。「文化搭臺，經濟唱戲」，陝西的經驗值得我們很好的學習。

　　但是，如果我們從中國歷史的發展和文化的源流來進行考察，真正的所謂「西部」，則不在關中，而是在今陝西以西的涼州了。

　　從中國的歷史發展來看，在秦統一以前，春秋戰國時的關東六國，在歷史、文化的舞臺上曾扮演了主要的角色。當時的秦國，人稱之為「西戎」，還是一個比較落後的國家。秦始皇統一六國，以咸陽為都城，並在此築宮殿，修馳道，遷來六國貴族及富豪，咸陽就成為全國的政治、文化中心了。秦亡漢興，漢以長安為都城，關中地區仍是

漢王朝的腹心地區。這裡既是政治中心，也是經濟、文化最發達的區域。《漢書‧地理志》說，關中「沃野千里，民以富饒」。漢都長安，遷徙來許多功臣、長吏及高訾富人，以至長安一帶「五方雜厝，風俗不純。其世家則好禮文，富人則商賈為利，豪傑則遊俠通奸」。西漢以後，前趙、前秦、後秦、西魏、北周、隋、唐等代，皆以長安為都城。特別在隋唐時期，據今人研究，唐代長安人口將近百萬，商賈雲集，坊市星列。爭名於朝，爭利於市。這裡有來自全國各地的官僚、士人，也有來自世界各國的使臣、僧侶、商人。長安不僅是當時全國的政治、文化中心，也是當時世界最大的城市之一。也因此之故，漢唐的長安我以為不應稱之為西部了。而就文化淵源來說，漢唐以來的關中文化，應是中原文化的發展，同真正的所謂西部文化，還是有些差別的。

所謂「西部文化」，我以為有以下幾點特色：

從地域上來說，當然首先是在中國領土的西部。中國西部從地貌上而言有哪些特點呢？西部多沙漠、戈壁、草地，有大片的黃土高原，也有世界著名的許多高山。中國地形是西北高而東南低，故國內許多大河都發源於西北。西北也因地處內陸，降雨量少而蒸發量大，故氣候乾燥，易生旱災。因在自然條件上有以上的特點，所以居住在這個區域上的居民亦不得不努力去適應這種環境。因多戈壁、沙漠和大山、草地，這裡自古就居住著很多的游牧民族。入居這一地區的農業民族，則多是修渠引水，把荒漠、草地變成良田。農業與畜牧業相結合，漢族與少數民族共同開發了西部地區，這就是西部地區的發展史。而從文化這一角度來看，農業民族的文化與游牧民族的文化的並存和融合，應是這一地區不同於內地的一大特點。

如果說「西部文化」還有其他特點的話，那就是西域文化與中原

文化的融合，使它具有不同於其他地區的風格和內容。在古代，絲綢之路是溝通歐亞大陸的最重要通道。以長安為中心的漢唐王朝，在與中亞各國的交往中，主要是通過絲路進行的，故人稱絲路為中西經濟、文化交流的大動脈。絲路在中國境內，主要是經過長安以西的今甘肅、新疆、青海等省區。因此，所謂「西部文化」，也就融進了許多西域來的內容，如宗教、語言、文學、音樂、舞蹈、繪畫、百戲等等，大大豐富了西部文化的內涵。

根據以上的一些看法，我以為所謂的「西部文化」，在古代，應是中原漢族的農業文化、西北的游牧民族文化，以及與西來的西域文化相互交匯的融合體。

如果説這一觀點能夠成立的話，那麼，以長安為中心的今天關中地區，應屬於中原文化的系統，不屬於西部文化的範疇，真正的西部文化，應指的是古稱涼州的長安以西的地區。

二

涼州之名，起自西漢。《漢唐地理書鈔》引應劭《地理風俗記》説：「漢武帝元朔三年（前 126），改雍曰涼，以其金行土地寒涼故也。」《晉書·地理志》亦説：「漢改周之雍州為涼州，蓋以地處西方，常寒涼也。」談到涼州的民情風俗，《漢書·地理志》有簡要的論述：

自武威以西，本匈奴昆邪王、休屠王地，武帝時攘之，初置四郡，以通西域，隔絕南羌、匈奴。其民或以關東下貧，或以報怨過當，或以悖逆亡道，家屬徙焉。習俗頗殊，地廣民稀，水草宜畜牧，故涼州之畜為天下饒。

西部稱為涼州，是從漢武帝開始的。不過當時所謂涼州刺史部，

只是個監察區，為十三州刺史部之一，並不是一級地方的行政機構。經東漢而至魏晉，涼州逐步成了西部地方上最高的一級政權。據洪亮吉《補三國疆域志》所考，涼州為「魏黃初元年（220），復分雍州置，得漢郡九，治武威」。西晉時，統郡八，縣四十六。後來，建立於今河西走廊及湟水流域的地方割據政權，都以「涼」作為國號。

涼州不僅地處西部，而且，古涼州同中國西北的游牧民族有著密切的連繫。涼州本身的自然條件就是一個「水草宜畜牧」的地方，史書記載，塞種、月氏、烏孫、昭武九姓胡等游牧民族皆出於宜耕宜牧的河西走廊。涼州周邊，古代北有匈奴、柔然、突厥、回紇、蒙古，南鄰諸羌、吐谷渾、吐蕃，這些都是游牧民族。在漫長的歷史進程中，漢族自漢武帝時進入涼州，與周邊的游牧民族糅合在一起，形成了特有的中原農業文化與西北的游牧民族文化、西來的西域文化的三結合。

古代真正的西部文化應在涼州，而涼州的中心，則是武威郡。漢武帝置涼州，僅是監察區，未有治所。至三國魏文帝黃初年間，分雍置涼，涼州刺史「領戊己校尉，護西域」，並把治所從冀縣（今甘肅甘谷縣東）移置武威郡姑臧縣，自此，武威姑臧成為涼州的政治中心。西晉時，張軌為涼州刺史，即坐鎮姑臧。後來幾個稱涼的地方割據政權，除西涼僅統轄河西走廊西端、以敦煌或酒泉為都城以外，其他四涼均先後以武威的姑臧為都城。十六國中的前秦，也以武威之姑臧為涼州的治所。及至周隋，中原王朝的地方行政建置由三級變成兩級，即州郡同級，有時稱州，有時稱郡，涼州這時才成為武威郡的專名。到了唐代初年，因山川之便，於州郡上設道，後來形成像漢一樣的監察區。涼州屬於隴右道。至唐睿宗景雲二年（711），分隴右道的西部，於今甘肅河西走廊設河西節度，統涼、甘、瓜、肅四州，治所亦在涼

州武威郡的姑臧縣。安史之亂後，隴右、河西大片土地陷於吐蕃，至北宋曾於此地置西涼府，西夏亦為西涼府治。

　　涼州武威郡不僅是古代漢唐王朝西部的政治中心，而且也是古代西部的軍事重鎮和經濟、文化的中心。漢取河西，目的就在於「斷匈奴右臂」、「隔絕羌胡」，保障西部邊境的安全。所以，漢武帝占有河西后，很快就在河西設郡、移民、屯田、築塞。武威郡在兩漢時即是抗擊匈奴的一處重要據點。竇融占有河西期間，史稱「河西民俗質樸，而融等政亦寬和，上下相親，晏然富殖」。他還「修兵馬，習戰射，明烽燧之警」，用以對抗羌胡。他以孔奮守姑臧長，史稱：「而姑臧稱為富邑，通貨羌胡，市日四合。」[1]是當時河西最為繁華的地方。以後任延為武威太守，徵集「武略之士」，屯據要害，防止羌胡侵襲。他還以「河西舊少雨澤，乃為置水官吏，修理溝渠，皆蒙其利。又造立校官，自掾史子孫，皆令詣學受業，復其徭役」[2]。對武威地區的經濟、文化發展起了推動的作用。三國以後，武威已成涼州治所，因之經濟、文化更有了長足的發展。曹魏初年，毌丘興為武威太守，他「內撫吏民，外懷羌胡」，使這塊「民夷雜處」之地的吏民「盡力田」。[3]後來，魏明帝以徐邈為涼州刺史，他到郡之後，以為「河西少雨，常苦乏谷，邈上修武威、酒泉鹽池以收虜谷，又廣開水田，募貧民佃之，家家豐足，倉庫盈溢，乃支度州界軍用之餘，以市金帛犬馬，通供中國之費」。他還「率以仁義，立學明訓，禁厚葬，斷淫祀，進善黜惡，風化大行，百姓歸心焉」。對於少數游牧民族，他恩威並施，「不問小過」，

1　《後漢書》卷三一《孔奮傳》，第1098頁。

2　《後漢書》卷七六《循吏傳》，第2463頁。

3　《三國志》卷二八《魏書·毌丘儉傳》，第760頁。

贏得了少數民族部眾的信任。[4]他應是武威地區發展史上一位有貢獻的封建官吏。

西晉只有短期統一，很快就爆發了「八王之亂」，緊接著是少數民族入據中原，整個北方先後出現了一些割據政權。在河西，先後出現了五個稱「涼」的政權。上已述及，五涼中，除西涼外，其他四涼均曾建都姑臧。後涼、南涼因不斷內亂和征戰，在經濟、文化方面未有大的建樹，而前涼、北涼，立國較長，對河西特別是對武威地區的經濟、文化的發展作出了極其重要的貢獻。前涼張氏據有河西時，為穩定地方，「勸課農桑」，發展農業生產；拉攏地方士族，「徵九郡冑子五百人，立學校，始置崇文祭酒，位視別駕，春秋行鄉射之禮」。張駿、張重華兩代，境內安定，於是「輕賦斂，除關稅，省園囿，以恤貧窮」，使河西成為當時北方經濟、文化最為發達的地區。這時，中原有許多士人來河西避難，在這裡講學傳授，形成了歷史上著名的河西儒學，對於北朝、隋唐都產生過重大的影響。張氏政權立足河西時，還在武威地區的建設上作出很多的業績。張軌時就曾「大城姑臧」，張茂時增築城垣，並修了靈鈞臺。到張駿在位，「又於城南築城，起謙光殿」，殿之四周，又各建青、赤、白、黑四殿，分四季居住。其旁還有「值省內署」。北涼沮渠蒙遜時，亦曾於姑臧「繕宮殿，起城門諸觀」，「起游林堂於內苑，圖列古聖賢之像」。據《晉書》所錄，當時姑臧城內堂、觀、苑、閣甚多，其著名的有閒豫堂、明堂、游林堂、賓遐觀、紫閣、東苑、西苑等等。在前涼立國之前，《晉書·地理志》載，武威七縣有戶五千九百，以一戶五人計，不足三萬人。可是到中原大亂，大量人口避亂西來，前涼即於武威附近建立了武興、昌松、番禾

4　《三國志》卷二七《魏書·徐邈傳》，第740頁。

等郡。到前涼為苻秦所滅，僅姑臧一地，豪右被遷到關中的就有七千
餘戶，應有三萬多人了。後來，北魏滅北涼，《十六國春秋‧北涼錄》
載：「遷茂虔及宗室士民十萬戶於平城。」（《魏書‧世祖紀》作「三萬
戶」）這一數字可能被誇大了，但姑臧為涼州最大的城市，是當時西部
經濟、文化最發達的所在，這應是毫無疑義的。

　　北魏占有河西，初置鎮，後復為涼州。此時姑臧改名林中，是否
為州治，至今尚有爭議。然而，在《魏書》中，賈彝、段承根、陰仲
達三人皆稱「姑臧人」，可能用林中之名時間甚短，很快又改原名為姑
臧了。北魏末年詩人溫子升有詩曰：「遠遊武威郡，遙望姑臧城。車馬
相交錯，歌吹日縱橫。」可見魏末仍叫姑臧，城市仍相當繁華。所以到
北周時，姑臧仍為涼州治所，統郡四，即武威、廣武、番和、泉城。
《周書‧韓褒傳》還說到，當時涼州「戶口殷實」，是北周西部最好的
地方。

　　隋唐以後，涼州已成武威的專名，轄地雖大大縮小了，大約只今
武威專區及金昌市的範圍，但其在軍事、經濟、文化上的重要性，卻
是西部任何一個城市不能與之相比的。武威地處河西走廊東口，當時
北有突厥、回紇，南有吐谷渾、吐蕃，武威是防禦厥、渾的重鎮。隋
煬帝為經營西域，以裴矩坐鎮張掖，以樊子蓋「檢校武威太守」，用以
應接西突厥處羅可汗及高昌王「二番」款塞。後來煬帝西巡，於燕支
山召見西番二十七國使臣，「復令武威、張掖士女盛飾縱觀」，以示中
原繁盛景象。據《隋書‧地理志》所載，隋時河西僅武威、張掖、敦
煌三郡，其中武威人戶最多，為一萬一千多戶，張掖為六千多戶，敦
煌七千多戶。於此亦可見武威為西部最大、也最繁華的城市。李軌在
隋末能建立起割據政權，我想這是與武威經濟、文化發達，又原是西
部政治、經濟中心分不開的。據縣志所載，武威舊城，即是李軌割據

於此時所築。

　　唐平群雄，統一全國，武威郡更是「接四郡，控三邊」的重鎮。玄奘唐初西行，經武威時寫道：「涼州為河西都會，襟帶西蕃，蔥右諸國，商侶往來，無有停絕。」[5]唐代經營西域，打擊吐谷渾、吐蕃，都以武威作為西邊的最重要的基地。早在唐高宗、武后時，涼州、甘州即是唐代西部進行屯田的地方。陳子昂在《上西蕃邊州安危事三條》的奏摺中，即認為甘、涼是「制河西，定戎虜」的關鍵所在。後來婁師德以宰相之重而「知河西營田事」，可見朝廷的重視。《唐六典》在記述全國屯田中寫道，河西道屯田共一百五十四屯，除去在西域的五十六屯，在河西走廊的有九十八屯，其中最多的是赤水三十六屯。赤水，即赤水軍，按《資治通鑑》胡註：「赤水軍在涼州城內，兵三萬三千人。」這也就是說，涼州城附近有屯三十六，要占整個河西屯田三分之一強。也因為武威為西部軍防要地，經濟發達，所以唐王朝在這裡最早設立了節度使。《唐會要》卷七八「節度使」條說：「景雲二年（711）四月，賀拔延嗣除涼州都督，充河西節度使，此始有節度之號。」河西節度使駐涼州，統赤水、新泉、大門、建康、寧寇、玉門、墨離、豆盧八軍。其中赤水軍三萬三千人，是唐國內最大的一支邊防軍，故《唐會要》記到赤水軍時說：「軍之大者，莫過於此。」至於涼州盛況，唐詩中多有反映，不再贅述。歐陽修在《新五代史·四夷附錄》中所記，可謂最有代表性了：「當唐盛之時，河西、隴右三十三州，涼州最大，土沃物繁而人富樂。其地宜馬，唐置八監，牧馬三十萬匹。」

　　安史之亂後，涼州為吐蕃占有，後來沙州張議潮一度收復，屬歸

5　慧立、彥悰：《大慈恩寺三藏法師傳》，第十一頁。

義軍所轄。至唐末、五代，涼州自立守將，前後出現了孫超、李文謙、折逋嘉施等蕃漢地方政權，一直到十一世紀初為西夏占領。西夏於涼州置西涼府，為西夏在河西的唯一大鎮。據一些史書記載，西夏統治時，河西農業仍很發達。《西夏書事》說到，銀州、夏州饑荒，統治者「令運甘、涼諸州粟濟之」。遼攻西夏至西涼府，掠獲了「羊百萬，駱駝二十萬，牛五百」[6]。在武威發現的《天祐民安碑》也說，武威「當四沖地，車轍馬跡，輻輳交會，日有千數。」元初馬可·波羅在其遊記中亦寫道，西涼州「當地居民經營商業和手工業為主，穀物十分豐富」。於此可見當時武威經濟的發展狀況。

　　當然，應予指出的是，歷史發展到了宋元時期，隨著海路交通的發達，中國經濟重心的南移，涼州作為西部軍事重鎮地位仍然未變，而經濟上、交通上的重要性卻大不如前了。

　　三

　　前面論述了武威郡自古以來是中原王朝西部政治、經濟的中心，而如從文化角度考察，涼州文化，或者說武威地區的文化，最具有西部文化的特點。

　　古代的西部文化，上面述及，應具有三種因素，即漢族的農業文化、游牧民族的文化、西來的西域文化。三種文化在涼州匯合在一起，形成了古代西部文化不同於其他地區的文化特點。古代武威文化就具有這種鮮明、顯著的特點，可說是涼州文化的典型代表。

　　武威最早的居民，據有關史書記載，應是月氏。秦漢之際，匈奴強大，趕走了月氏，為匈奴休屠王游牧之地。月氏、匈奴都是以游牧為生的兩個古老民族。武威郡首縣姑臧，《河西記》認為原是匈奴的蓋

6　《續資治通鑑長編》卷一六八，中華書局 1995 年版，第 4035 頁。

臧城，為匈奴所築。今人研究，以為姑為蓋的轉音，以蓋臧水得名。匈奴失去河西，曾有民歌曰：「失我祁連山，使我六畜不繁息，失我焉支山，使我婦女無顏色。」祁連、焉支，近人研究以為出自匈奴語。這些名稱，可說是古代河西遊牧民族活動的遺留。兩漢時期，在今武威地區活動的游牧民族，除匈奴之外，見諸史籍的還有小月氏、盧水胡、羌人等等。漢武帝為打擊匈奴，將勢力伸入河西，繼之移民、屯田，漢族農業文化開始大量進入河西。武威在近代以來出土了大量的漢簡，其著名的為《儀禮簡》、《醫簡》、《法令簡》，曾引起了學術界的高度重視。漢簡之外，武威漢墓中還出土了許多絲麻織品、銅器等等，足以證明中原漢族的農業文化已經在這裡生根、發展，並廣為傳播。特別要提到的是雷臺的東漢墓，出土了聞名中外的「銅奔馬」，神態逼真，造型優美，是古代文物中的珍品。這件文物的出土，不僅反映了漢代武威地區高超的工藝水平，而且，我以為這也是中西文化交流的結晶，是反映西部文化特點的作品。因為在古代的社會生活中，馬在生產、交通上有著極其重要的作用。特別在軍事上，為了對付善於騎射的游牧民族，中原王朝也不得不大量養馬，不斷地改良馬的品種。從趙武靈王胡服騎射，到漢武帝伐大宛取得汗血馬，作天馬歌，都說明馬在國防上的重要性。涼州自古為「宜畜牧」之地，西域來的良馬在涼州繁殖，並成為當地人崇敬的動物，賦予神奇的設想和傳說，也是理所當然的了。後來到前涼時有「涼州大馬，橫行天下」的民謠，亦不是偶然的。

在兩漢時期，隨著張騫「鑿空」，古絲路的開拓，西域文明不斷傳入中原。除良馬品種傳入之外，其他如胡麻、苜蓿、葡萄、胡蔥等，也是在這時傳入的。三國初有《魏文帝涼州葡萄詔》，說明像葡萄這樣一些植物早已在河西一帶種植了。

　　魏晉南北朝時期，中原大亂，士人避亂來河西的甚多。這些人出仕前涼、北涼等政權，使武威成為當時北方儒學的中心，中原文化在這時更加發揚光大。也就在這一時期，游牧民族亦不斷進入河西，武威變成了一些游牧貴族爭奪的地盤。三國、西晉有羌胡的叛亂，前涼有「鮮卑反叛」。之後，氐人呂光、鮮卑禿髮氏、盧水胡沮渠氏都曾入主姑臧。游牧民族輪番進入和不斷的爭戰，雖然給當地農業生產造成一定的破壞，但是，游牧民族進入武威地區，使這一地區農業文化與游牧文化進一步結合在一起了。禿髮氏所行的政策是「署晉人於諸城，勸課農桑，以供軍國之用，我則習戰法，以誅未賓」[7]，就是這種結合的寫照。

　　在魏晉南北朝時期，在涼州文化中，西來文化的影響尤為顯著，最引人注意的是佛教的廣為傳播。早在前涼時期，《魏書・釋老志》就說涼州「多有寺塔」，佛教已開始流行。前秦以後，因許多少數民族統治者信仰佛教，於是佛教傳播更廣。苻堅讓呂光率軍出征西域，目的之一就是要請來龜茲的高僧鳩摩羅什。呂光克焉耆，破龜茲，獲得了這位精通大乘教的高僧。但在呂光帶羅什東還時，前秦已在淝水戰敗後瓦解。因此，呂光東還至河西，於武威建立起後涼政權，羅什也被留在姑臧達十六年之久。羅什在姑臧期間雖留下了一些神奇的傳說，如姑臧大風，羅什認為不祥，果有梁謙、彭晃之叛；呂纂和羅什下棋，羅什說「胡奴將斫人頭」，暗示呂超將殺呂纂，因「胡奴」是呂超的小名。但是，因後涼政權內部爭奪不已，征戰頻繁，羅什的學識不能得以發揮。到後秦滅掉後涼，羅什被迎至長安，姚興尊為國師，組織起譯經的班子，這位高僧才得以大展懷抱。他先後翻譯了近三百卷

7　《十六國春秋輯補》卷八九《南涼錄》，第617頁。

佛經，對後來中國佛教教義的發展有重大的影響。姑臧為紀念這位中外著名的佛教理論家、翻譯家曾長時期在這裡生活過，於城內建立了羅什寺，造了羅什塔。此塔現仍矗立在武威北大街的西側。

　　北涼時期還有一位著名的高僧，這就是曇無讖。沮渠蒙遜占有敦煌之後，將他迎至姑臧。他在姑臧與名僧慧嵩、道朗等一起，翻譯了大乘佛教的主要經典《大般涅槃經》，對大乘教流行中國產生了極大的作用。他在姑臧翻譯了《瑜伽師地論》的《菩薩地》，是大乘各經中有關戒律的一個總匯，後來隋唐時期沙門受戒，多是他遺留下的規範。這位居於姑臧的高僧，因名聲遠播，深為北魏皇帝拓跋燾所欽慕。於是他派人向沮渠蒙遜索要，並說：「若不遣讖，即便加兵」，成為歷史上為要一個和尚而不惜發動戰爭的唯一事例。沮渠蒙遜捨不得將曇無讖交給北魏，深恐因此不利於北涼，但又害怕北魏的強大，不敢拒絕。因此，他表面上贊助曇無讖出發，但暗中卻派人在途中將他殺害了。

　　當時的姑臧，不僅是全國的譯經中心之一，而且，也因地處河西走廊東口，中原與西域高僧西去東來，都在姑臧駐足。據梁《高僧傳》所錄，西去東來的高僧如僧伽跋澄、曇摩難提、僧伽提婆、竺法念、佛舍耶舍、浮陀跋摩、智嚴、寶雲、曇摩密多、智猛等等，都曾經過姑臧。其中竺法念就是涼州人，他「洞曉方言，華梵音義，莫不兼譯」，被稱為前、後秦時期「譯人之宗」。智嚴、寶雲也是涼州人，西行求法，還於關中組織譯經，名傳後世。西域高僧浮陀跋摩在北涼沮渠牧犍時就曾居於姑臧城中的閑豫堂譯經。曇摩密多亦是先在敦煌，後居姑臧譯經弘法，最後輾轉而至南朝劉宋境內。

　　因為佛教的廣為流傳，石窟寺的建築亦大為興盛起來。敦煌莫高窟修於苻秦時期，姑臧的天梯山石窟則是北涼沮渠蒙遜時開始修建的。到北魏以後，繼修石窟，面積不斷擴大。可惜由於歷代失修，加

以地震破壞，至一九四九年時只存三層十一窟。後來又因修建水庫，進行搬遷。聽說最近要在原地加以重修，恢復其原來面貌，令人欣喜。這必將為武威這座歷史名城增添更大的聲譽和魅力。

到了隋唐時期，河西、隴右已是個農牧興旺的區域，「漢人耕耘，吐蕃畜牧」，正是農牧相結合的寫照。更值得注意的是，西來的胡人，南來的吐谷渾部落、吐蕃部落，都在姑臧留下了許多遺跡。隋末割據姑臧的李軌所以很快敗滅，主要是由於姑臧安興貴、安修仁兄弟的策反。安姓，是昭武九姓胡的一種。安氏兄弟就是西來的胡人，依靠姑臧城中「諸胡」起事，從此亦可見姑臧城中胡人之多。唐代初期，姑臧還是吐谷渾部落的居地。當時吐蕃強大，蠶食了青海湖及湟水流域的吐谷渾故地。吐谷渾王室慕容氏被逼西逃，唐王朝將他們安置於涼州，後來又遷至靈州。近代以來，在武威青嘴灣、喇嘛灣先後發掘出九塊慕容氏王室的墓誌銘，這說明這裡是吐谷渾王室祖上的塋地。吐谷渾的部眾曾在武威這塊土地上耕種和放牧。而這九塊墓誌銘，也成了研究吐谷渾史重要的資料。

吐蕃占領青海之後，接著又西進河西，幾經反覆，河西落入吐蕃之手。所以唐末、五代，在武威出現了蕃漢的混合政權，一直到十一世紀初為西夏占有。西夏提倡佛教，姑臧又成為西夏西邊的佛教中心。蒙古占有河西之後，在武威召來西藏高僧薩班商談西藏統一事宜，這同唐末、五代以來吐蕃曾占有姑臧，這裡曾出現過蕃漢混合政權是不無關係的。

隋唐時期，在中西交往的歷史上也是最為繁榮的時代。西來的文化，在河西走廊進一步同中原文化融合。無論是文學、藝術、宗教、風俗，都能見到這種融合的存在。「涼州七里十萬家，胡人半解彈琵琶」，正是這種融合的反映。向達先生在《唐代長安與西域文明》一書

中，詳細地論證了西域胡人入居長安和西域文化傳入長安後所帶來的影響，為我們研究中西文化交流開闢了一個新的領域。而就其文所列可以見到，許多胡人入居長安，都是先居姑臧，再入關中的，如昭武九姓胡中的安姓，原出自安國。安興貴一族，原在姑臧，後遷長安。向先生引林寶《元和姓纂》說：「北魏安難陀至孫盤沙羅（《唐書‧世系表》作「盤婆羅」）代居涼州為薩寶、蓋火祆家世家也。」出土於洛陽的安延、安神儼的墓誌銘和出土於長安的安令節墓誌銘，都稱是武威姑臧人。昭武九姓胡中的曹姓，長安出土有《譙郡夫人曹明照墓誌》，據向先生考證，認為「是曹國移至武威、姑臧一帶之西域人也」。昭武九姓胡中的何姓，洛陽出土的《何摩訶墓誌》，其中亦說他祖上曾居於「姑臧太平之鄉」。可以這樣說，姑臧是西域胡人東遷的中繼站。

在西來的文化中，最令人感興趣的是音樂、舞蹈的傳入。《隋書‧音樂志》中說到，煬帝時定九部樂，即清樂、西涼、龜茲、天竺、康國、疏勒、安國、高麗、禮畢。清樂是漢以來的舊曲，晉時散失，保存於前涼。苻秦滅涼，「始於涼州得之」。西涼樂起於呂光及沮渠氏，是他們「據有涼州，變龜茲聲為之，號為秦漢伎」。龜茲樂則是呂光西征龜茲，「因得其聲」，呂氏亡，後入中原。天竺樂是「起自張重華據有涼州，重四譯來貢男伎，天竺即其樂焉」。疏勒、安國，並是通西域所得。九部樂中，六部都同武威有密切的關係。所以，《新唐書‧禮樂志》說：「周隋管弦雜曲數百，皆西涼樂也。鼓舞曲，皆龜茲樂也。」歷史上著名的《霓裳羽衣曲》，也是河西節度使楊敬忠所獻的。

至於舞蹈方面，見於唐人詩歌中的甚多。王維為河西節度判官，在《涼州郊外游望》、《涼州賽神》中有「女巫紛屢舞，羅襪自生塵」、「健兒擊鼓吹羌笛，共賽城東越騎神」之句。李端在《胡騰兒》一詩中

寫道：「胡騰身是涼州兒。」胡騰舞是由西域傳入的，在唐代成為涼州、長安最流行的一種舞蹈。元稹、白居易都有《西涼伎》的詩。元稹在詩中寫到哥舒翰的宴會上「前頭百戲競撩亂，丸劍跳躑霜雪浮。獅子搖光毛彩豎，胡騰醉舞筋骨柔」。白居易也寫道：「西涼伎，西涼伎，假面胡人假獅子，刻木為頭絲作尾，金鍍眼睛銀作齒，奮迅毛衣擺雙耳，如此流沙來萬里。」這些舞雖不能肯定說來自武威，但這些舞蹈也應同樂曲一樣，是經由武威才傳入中原的。這不僅因為武威是絲路的必經通道，而且武威是當時節度使的駐所，是涼州的政治、經濟和文化的中心。

安史之亂後，吐蕃占領武威，中間雖有張議潮一度收復，但自此之後，中西交通日漸衰落。這不僅是由於地方割據政權的阻撓，同時也因海路暢通，這條古來中西交往的大道已不如昔日重要了。在這以後，這塊古稱涼州的地區，仍是蕃漢雜居的區域，不論是宋或西夏，都將之作為宜耕宜牧的好地方。在武威出土的文物中，西夏時期有精緻的木緣塔，眾多的毛織品，說明這一時期武威的手工業水平仍是很高的。

總括以上可見，在歷史上，中國的西部文化，應具有農業民族、游牧民族文化和西來文化三者結合的特點。涼州文化就是這種結合的典型。今日的武威，從來是古涼州的政治、經濟、文化的中心。挖掘、發揚古代的西部文化，毫無疑義地應由武威這個古老的名城擔當起這一責任。在改革開放的今日，如何使古絲路重新煥發出青春，使古老而具有鮮明特色的西部文化能更加光彩奪目，用以為今日建設服務，這就是我們涼州人的任務了。

（原載《五涼文化研究》創刊號，1993 年）

從麥積山「寂陵」談西魏時期
關隴地區的文化融合

在撰寫《西北通史》魏晉南北朝歷史時，涉及了麥積山石窟的一些文獻。其中談到了西魏文帝皇后乙弗氏曾鑿麥積山為龕而葬、號為「寂陵」一事，從而使人聯想到南北朝後期關隴地區文化融合的問題。

宇文泰統有關隴地區以後，迅速地組成「關隴統治集團」，成功地起到團結內部、消除隔閡的作用。從而在此基礎上，後繼者平定北齊，統一南北，結束了長達三百多年的分裂割據。可以這樣說，「關隴統治集團」的出現，影響到了中國中世紀幾代的歷史進程。

「關隴統治集團」的出現，應是關隴地區民族融合的結果。關隴地區的民族融合，則又是以關隴地區文化融合為先驅的。從麥積山曾鑿有「寂陵」一事，我們更清晰地看到了關隴地區在南北朝後期胡漢各族交往的情景，看到了中原傳統的漢族文化和氐、羌、鮮卑等族文化，以及由西東來的佛教文化在這裡匯合的狀況。由此也使我們更深刻地理解宇文泰打起「復古」的招牌、以「周」為國號的用意。

一

關於乙弗氏的身世，《北史》卷一三《后妃傳上》說：

文帝文皇后乙弗氏，河南洛陽人也。其先為吐谷渾渠帥，居青海，號青海王。涼州平，後之高祖莫瓌擁部落入附，拜定州刺史，封西平公。自莫瓌後，三世尚公主，女乃多為王妃，甚是貴重。父瑗，儀同三司、（西）兗州刺史。母淮陽長公主，孝文之第四女也。

其傳還說道：

年十六，文帝納為妃。及帝即位，以大統六年冊為皇后。

《乙弗皇后傳》中所說到的莫瓌，《魏書》卷四四有《乙瓌傳》。據《魏書·官氏志》所說，孝文帝實行改革時，改變鮮卑複姓，將乙弗氏改為乙姓，故其《傳》稱乙瓌了。其《傳》稱：

乙瓌，代人也。其先世統部落。世祖時，瓌父匹知慕國威化，遣瓌入貢，世祖因留之。……尚上谷公主，世祖之女也。

又說，乙瓌死後，其子乾歸襲爵，復尚恭宗女安樂公主。乾歸死，子海嗣，曾為洛州刺史。海死，「子瑗，字雅珍，尚淮陽公主，高祖之女也」。

這些記載有不相一致的情況。《北史·乙弗皇后傳》說其先祖是「吐谷渾渠帥，居青海」，而《魏書》說莫瓌是「代人」，「先世統部落」。《乙弗皇后傳》中還說她是「河南洛陽人也」。那麼，乙弗皇后的

上代到底是居住在青海，抑或是居住在山西的代北？一說是「吐谷渾渠帥」，一說是「先世統部落」，這部落是否即是吐谷渾部落？為什麼乙弗皇后又是「河南洛陽人」？對這些問題，我想應先有個交代。

首先，我想應從乙弗鮮卑的南遷說起。乙弗是鮮卑的一個部落。《資治通鑑》在記述西秦乞伏乾歸降於禿髮利鹿孤時，有一位鎮北將軍禿髮俱延曾向利鹿孤建議，應將乾歸「徙置乙弗之間」，使其不能逃逸，胡三省在其下注曰：「乙弗，亦鮮卑種，居西海。」[1]其後還引用了《北史》卷九六《吐谷渾傳》所附《乙弗勿敵國》的記述：「吐谷渾北有乙弗勿敵國，國有屈海，海周回千餘里。眾有萬落，風俗與吐谷渾同。然不識五穀，唯食魚及蘇子，蘇子狀若中國枸杞子。」這裡說乙弗這個部落居住在吐谷渾的北面，也即是在青海湖一帶。又據《晉書·禿髮烏孤載記》的記述，烏孤在後涼時曾被呂光署為「假節、冠軍大將軍、河西鮮卑大都統、廣武縣侯」。這廣武縣，今人考證，應在今甘肅蘭州、武威之間。[2]烏孤為擴展地盤，於是「討乙弗、折掘二部，大破之。遣其將石亦干築廉川堡以都之」。廉川堡在今青海民和縣西北。這也就是說，乙弗、折掘二部當時已徙居在今青海境內了。後來，到禿髮傉檀的末年，他受到北涼沮渠蒙遜的侵逼，於是又發動了「西征乙弗」的戰爭，用以解決內部的困窘。西元四一四年之農曆五月，禿髮傉檀以「唾契汗、乙弗等部皆叛南涼」，「乃帥騎七千襲乙弗，大破之，獲馬牛羊四十餘萬」。[3]但至六月，傉檀留守樂都的太子虎臺為乞伏熾磐攻破。傉檀進退無路，不得已降於西秦。

這裡所說的乙弗鮮卑，是青海湖一帶的部落。《北史》說在吐谷渾

1　《資治通鑑》卷一一一，晉安帝隆安四年秋七月條，第 3513 頁。

2　周偉洲：《南涼與西秦》，陝西人民出版社 1987 年版，第二十八頁。

3　《資治通鑑》卷一一六，晉安帝義熙十年五月條，第 3666 頁。

之北，《晉書》說傉檀西征乙弗，也即在樂都之西。兩書所指的方位基本上是一致的，即在今青海湖北面一帶。

　　然而，乙弗部的活動，不僅見之於青海湖一帶，也見之於今山西的北部，據《魏書・太祖紀》記載，登國元年（386）五月，「車駕東幸陵石。護佛侯部帥侯辰、乙弗部帥代題叛走」。到秋七月，「代題復以部落來降，旬有數日，亡奔劉顯」。劉顯當時活動的地區是在馬邑一帶，也即今山西朔州市附近，這也就是說，代題所領的乙弗部也在這一帶活動。又《北史》卷四九《乙弗朗傳》說：「乙弗朗，字通照，其先東部人也。世為部落大人，與魏徙代，後因家上樂焉。」又說：「孝莊末，北邊擾亂，避地居並、肆間。」這個乙弗朗，也應是乙弗部的成員。他所在的部落是同北魏拓跋部一起由東遷代的。到北魏末年，居住在今山西太原、忻州之間。

　　根據以上所引資料，我們是否可以這樣認為：乙弗鮮卑也同拓跋鮮卑一樣，由東向西，然後進到漠南，一部分留在漠南，如前投依劉顯的代題所率的部落，到北魏統一北方，都融入拓跋魏裡面了。而另一部分則由漠南繼續南下，遷至今青海湖一帶，這就是《北史》中所說的乙弗勿敵國。

　　在青海湖一帶的乙弗部落，上面曾說到，南涼禿髮氏曾多次發動對這個部落的掠奪，損失很大。到南涼為西秦所滅，西秦亦不斷襲擊乙弗部落。西元四一五年，乞伏熾磐攻陷北涼湟河郡，「以左衛將軍匹達為湟河太守，擊乙弗窟乾，降其三千餘戶而歸」[4]。至西元四一八年，又有乙弗鮮卑烏地延率戶二萬降於熾磐，署為建義將軍。「地延尋死，弟他子立，以子軻蘭質於西平，他子從弟提孤等率戶五千以西

4　《資治通鑑》卷一一七，晉安帝義熙十一年五月條，第3679頁。

遷，叛於熾磐。涼州刺史出連虔遣使喻之，提孤等歸降。熾磐以提孤奸猾，終為邊患，稅其部中戎馬六萬匹。後二歲而提孤等搧動部落，西奔出塞。他子率戶五千人入居西平。」[5]居於青海地區的乙弗部，在西秦乞伏熾磐時，似乎又曾分成了幾股力量，一股向西出塞，一部則入居西平郡（治今青海西寧市），還有更多的應留在青海湖之北。至西元四二八年，熾磐死，暮末繼位，西秦衰敗，暮末東走投魏，在南安（今甘肅隴西縣東南）為赫連定擊敗，降於夏。赫連定又畏魏之強，想向西奪北涼之地以立足，途中又為吐谷渾所襲，兵敗被擒，夏亡。至此，吐谷渾遂成為河湟地區的主人。原來為西秦所統屬的部落皆附於吐谷渾，乙弗部鮮卑應亦在其中。上面說到乙弗皇后先世為吐谷渾渠帥，應在西秦滅亡之後，即吐谷渾占有河湟的時候。上面所引《乙弗皇后傳》中說到，魏平涼州，其高祖莫瓌擁部落入附。而《魏書·乙瓌傳》說的是「世祖時，瓌父匹知慕國威化，遣瓌入貢，世祖因留之」，後來尚世祖女上谷公主。兩種記載雖有不同，但魏平涼州，是在太武帝太延年間，乙瓌入貢尚公主，也說是在太武帝在位的時候。因此，說乙瓌入魏在太武帝年間是沒有問題的。結合當時形勢觀察，乙瓌也只有在這時入魏。因為太武帝征涼時，吐谷渾王是慕利延，他懼魏之襲擊，曾率部眾西入沙漠以避之，而太武帝以慕利延有擒赫連定之功，遣使宣喻，讓其返回河湟。但不久，吐谷渾內部又發生了慕利延兄子緯代及叱力延投魏並引兵來擊的事件，慕利延再次西逃，進入于闐，經一年後才復還故土。匹知遣子乙瓌入貢尚主，也只有在吐谷渾兩次西逃被削弱的時候。

　　乙瓌入魏，應當是留在魏都平城。及至孝文帝遷都洛陽，推行改

5　《晉書》卷一二五《乞伏熾磐載記》，第 3125 頁。

革，改鮮卑複姓及郡望，將乙弗氏改為乙姓，將遷洛的鮮卑人都稱之為河南洛陽人，故《乙弗後傳》中又稱之為「河南洛陽人」了。

二

乙瓌尚公主，是北魏統治者用婚姻來籠絡周邊部落首領的手段。從文化角度來看，這只是兩個鮮卑部落之間的往來。可是，到乙瓌子乾歸襲爵時，《魏書·乙瓌傳》說，乾歸「頗習書疏，尤好兵法。復尚恭宗女安樂公主」。這位駙馬似乎已受到了漢文化的較多的影響了。到乾歸孫乙瑗時，他又尚孝文帝四女淮陽公主，曾任洛南太守、司農少卿、西兗州刺史等職，其漢化程度比之於乃祖應更深了。也正因此，在東、西魏分裂時，乙瑗忠於魏室，在西兗州響應樊子鵠起兵，反對高歡，後來為高歡大將宋顯所殺。

乙弗皇后應是在東、西魏分裂之前出嫁於元寶炬的。因為按《北史·乙弗文皇后傳》說，「年十六，文帝納為妃」。按其傳記載，乙弗后死時是三十一歲，時在西魏文帝大統六年（540）。按此上推，乙弗后十六歲應是孝明帝孝昌二年（524）。西魏文帝元寶炬原是孝文帝子京兆王元愉之子。元愉，據史載，他是個「好文章，頗著詩賦」、「時引才人」、「招四方儒學賓客」的一位王爺，但同時也是「競慕奢麗，貪縱不法」的一個紈褲子弟。[6]宣武帝時曾為冀州刺史，不安於位，起兵造反，結果失敗被擒，送至京師氣絕而死，年僅二十一歲。

元愉兩子，即寶月、寶炬。寶炬因父之故，在宣武帝時被幽於宗正寺。孝明帝時曾為直閣將軍，但又因反對掌權的胡太后被免官。一直到孝莊帝初年，才被封為南陽王。後來孝武帝因不滿高歡專權，寶炬為孝武帝「中軍四面大都督」，扈從入關，拜太宰、錄尚書事。孝武

6　《魏書》卷二二《孝文五王傳·京兆王愉傳》，第590頁。

帝為宇文泰鴆殺，因寶炬為孝文帝之孫，故被立為帝，是為西魏文帝，年號大統。文帝在位十七年，病死後由子元欽繼位，這就是西魏廢帝。廢帝就是乙弗后所生的。

元寶炬為帝，是宇文泰擁立的，也是宇文泰手中的傀儡。《魏書》在說到元寶炬時，說他「輕躁薄行，耽淫酒色」[7]，顯然這是魏收仕於高齊，以此阿諛高歡、醜化西魏君主的言詞，不足為據。我們應從《北史》所記西魏文帝的表現來看，文帝並沒有耽於酒色、荒唐敗政的記錄。相反的，倒說他「帝性強果」，在洛陽時敢於頂撞高歡親信高隆之；高歡父改葬時，曾有「安有生三公而拜贈太師」的言論[8]，其倔強個性由此可見。只是在入關之後，無兵無權，只好做個傀儡了。李延壽在《北史》卷五《魏本紀・文帝》的「史臣論」中說：「文帝以剛強之質，終以守雌自寶」，正道出了其中不得已的原委。

西元五三五年，西魏文帝即位，其時元寶炬為二十九歲。當年即立乙弗氏為皇后，后時年二十五歲。這位皇后似乎受漢文化影響很深，史稱她「性好節儉，蔬食故衣，珠玉羅綺絕於服玩。又仁恕不為嫉妒之心，帝益重之」[9]。她一生曾育男女十二人，但多早夭，唯存太子元欽和武都王元戊。據謝啟昆《西魏書》所錄，她還有一個兄弟叫乙弗繪，曾做到中書監及吏部尚書的高官。[10]如果說元寶炬是宇文泰手中的傀儡，那麼，這位賢淑的乙弗皇后則是西魏政權為討好柔然而被迫獻出生命的外交犧牲品。

7　《魏書》卷二二《孝文五王傳・京兆王愉傳》，第 591 頁。

8　《北史》卷五《魏本紀・文帝》，中華書局 1974 年版，第 181 頁。

9　《北史》卷一三《后妃傳上・文帝文皇后乙弗氏傳》，第 506 頁。

10　謝啟昆：《西魏書》卷二三《乙弗繪傳》，《叢書集成初編》本，商務印書館 1937 年版，第 367 頁。

　　東、西魏分裂之初，原來依附於北魏的柔然阿那瓌的勢力開始強大起來。分裂的兩個政權都想拉攏北面的柔然以增強自己的勢力。其中很重要的手段就是「東、西魏競結阿那瓌為婚好」[11]。在孝武帝入關之前，孝武帝以范陽王元誨之長女瑯琊公主許阿那瓌長子為妻，後因孝武帝入關而罷。東、西魏一分裂，東魏高歡即竭力拉攏柔然，他讓張徽纂使於柔然，以常山王元騭妹為安樂公主，嫁阿那瓌子庵羅辰；又讓自己的九子高湛娶阿那瓌孫女鄰和公主。後來他自己還娶阿那瓌女為妻，讓原來的正室婁氏避位。這位公主在高歡死後，從柔然習慣，又為高歡子高澄所繼承，產有一女。[12]

　　在西魏方面，宇文泰亦想通過婚姻討好柔然，於是發生了廢棄乙弗氏的事件。《資治通鑑》記載，在西魏之初，「魏丞相泰以新都關中，方有事山東，欲結婚以撫之，以舍人元翌女為化政公主，妻頭兵（即阿那瓌）弟塔寒，又言於魏主，請廢乙弗后，納頭兵之女」。到文帝大統四年（538）二月，「以乙弗后為尼，使扶風王孚迎頭兵女為后」[13]。這也就是說，為了外交上的需要，乙弗氏只當了三年多時間的皇后就被迫削髮為尼了。根據《北史・后妃傳上》所記，頭兵女郁久閭氏為皇后以後，仍心存嫉妒，不讓乙弗氏留在長安，迫使文帝將乙弗氏徙至秦州（治上邽，今甘肅天水市），跟為秦州刺史的兒子武都王元戊生活。但這位賢淑的皇后離去，使文帝懷念不已，「帝雖限大計，恩好不忘，後密令留髮，有追還之意」。大概是文帝所念為柔然公主察覺，於是在大統六年（540）春柔然出兵侵擾夏州（治綠岩縣，今陝西靖邊縣

11　《北史》卷九八《蠕蠕傳》，第 3264 頁。

12　《北史》卷一四《后妃傳下・蠕蠕公主郁久閭氏傳》，第 518 頁。

13　《資治通鑑》卷一五八，梁武帝大同四年二月條，第 4892 頁。《資治通鑑》說郁久閭氏於大統四年四月至長安，而《北史》卷一三《后妃傳》作正月至京師。

東北白城子）時，傳言是為文帝思念乙弗氏、而柔然公主不受恩寵的緣故。這一傳言迫使文帝不得不作以下表態：「豈有百萬之眾為一女子舉也？雖然，致此物論，朕亦何顏以見將帥邪！」他並不相信柔然擾邊是為女兒爭寵，但迫於「物論」，因命中常侍曹寵拿手敕讓乙弗氏自盡。乙弗氏得手敕後說：「願至尊享千萬歲，天下康寧，死無恨也！」因與兒子訣別，為侍婢數十人落髮出家，然後「引被自覆而崩」，年僅三十一歲。[14]乙弗氏死後，即鑿麥積崖為龕而葬，號曰「寂陵」。據專家考證，現麥積山編號為第四十三窟的石窟，即是原乙弗氏寄放靈柩之處，其柩室、享堂、拜廊尚可辨識，所以後人稱此窟為魏後墓。[15]乙弗氏死後，那位柔然公主不久亦難產而亡，年僅十六歲，葬於少陵原（今陝西西安市長安區東南）。按禮儀規定，這位公主應與文帝合葬於永陵。但到文帝死後合葬時，卻發生了靈車車軸折斷之事，似乎死後兩者仍不相和合。相反的，文帝在自己山陵修畢以後，即留下手書，「令后配享」，要與乙弗氏合葬在一起。到文帝死，乙弗後子元欽繼位，於是移乙弗氏靈柩合葬於永陵。

元欽繼位，即是西魏的廢帝，元欽立三年被廢，遇鴆而卒。元欽弟元廓繼立為帝，是為恭帝，也僅三年被迫遜位於宇文泰子宇文覺，國號改為周。宇文覺即北周第一個皇帝孝閔帝。

三

曾鑿麥積崖而葬的乙弗皇后也同歷代的許多宮廷婦女一樣，是封建政治的犧牲品，令人同情與惋惜，然而，我們在研究這段歷史時，卻從中看清了北魏末年關隴地區民族融合、文化融合的情狀，也能更

14　《北史》卷一三《后妃傳上》，第 507 頁。

15　李月伯等：《麥積山石窟主要窟龕內容總錄》，載閻文儒主編《麥積山石窟》，甘肅人民出版社 1984 年版，第 207 頁。

深刻地理解宇文泰利用這種融合，打起復古改制的旗號，創建關隴統
治集團的用心。

兩漢時期的關隴地區，原來也是全國經濟、文化最發達的地區之
一。但從東漢末年羌人起義以後，繼之是韓遂、馬騰的割據。西晉十
六國時期，氐、羌各族不斷徙入關隴，這裡成為西部各族爭奪的場
所。在三國以後至北魏占有關隴之前的一百多年時間裡，只有前秦、
後秦兩個政權在文化上有所建樹以外，都是各族混戰、生產破壞的記
錄。而前秦、後秦兩個政權又都是短命的，繼之而來的赫連夏發動了
一次更嚴重的破壞。北魏占有關隴，這裡仍是個生產凋敝、文化落後
的區域。拓跋鮮卑族的殘暴統治，還曾激起了一次大規模的農民起
義，這就是盧水胡蓋吳領導的各族人民的大起義。這次起義雖被太武
帝強大的軍隊鎮壓了，但也迫使北魏統治者不得不進行一些改革，用
以緩和各族的反抗。

孝文帝順應歷史發展的改革曾緩和了當時緊張的民族矛盾和階級
矛盾，使北魏出現了一段比較平穩的時期。但就關隴地區而言，其經
濟、文化則遠遠不如關東的黃河中下游地區。孝文帝遷都洛陽，所用
的世族地主官僚大多是中原的大族分子，如滎陽鄭氏、范陽盧氏、太
原王氏、清河崔氏、趙郡李氏等等。關西大族，只有隴西李氏可與之
相比。而隴西李氏是北魏初期由河西入魏的，在關隴地區沒有更多的
影響。至於關中的一些大姓，同關東的一些大姓來比，似乎還有較大
的差距。

孝文帝以後，迅速漢化了的鮮卑貴族更為貪婪殘暴，所以到宣武
帝時期，關隴地區各族人民不斷發動起義。王仲犖先生曾作過統計，
宣武帝統治的十五年中，全國發生了十次起義，其中五次就在關隴地
區。領導起義的既有漢人，也有屠各、羌人，既有一般百姓，也有出

家為僧的沙門。[16]及至北魏末年爆發關隴人民的大起義，其領袖是羌人莫折太提父子、敕勒酋長胡琛、鮮卑人万俟丑奴等，說明關隴大起義也是一次各族人民共同參加的反抗鬥爭。應當說，北魏後期關隴出現這些反抗鬥爭，正反映了這一地區自魏晉以來就是各族聚居、各種文化交融匯合的一個場所。

　　及至宇文泰隨賀拔岳西來鎮壓關隴人民起義，孝武帝入關投奔宇文泰，使關隴地區又增添了原六鎮兵民及漢化了的洛陽拓跋氏宗室的成分。從民族文化角度考察，關隴地區更顯得複雜紛繁了。

　　在這樣一個民族與文化極為複雜的地區，要對抗東邊經濟文化比較發達、而且擁有六鎮兵民主要力量的高歡集團，那是宇文泰及其創建的西魏政權面臨的最嚴峻的問題。為要立住腳跟，壯大自己的力量，從對外關係來說，最重要的當然是交好柔然，藉以增強自己的勢力，減少北來的壓力，使得關中政權能全力對付東面的高歡集團。交好柔然，這也只能同歷代王朝一樣，通過和親，送去大量的財帛。西魏初年所以出現廢乙弗皇后為尼、並令其自殺這樣的悲劇，可說是宇文泰創建西魏政權的政治需要，是必定要發生的。而從對內的政策來說，如何團結內部，熔各民族及其文化於一爐，泯滅民族、文化的隔閡和偏見，共同一致對外，這也是亟待解決的問題。為達到這一目的，宇文泰一方面擴大府兵制，招募關隴豪右參加這支鮮卑化了的軍隊，並賜這支軍隊的漢族將領以鮮卑複姓，士兵亦以主將的姓氏為姓，用以泯滅六鎮兵將與關隴豪右氏族間的隔閡。另一方面，為改變六鎮鮮卑、關隴世家的地域成見，將西遷的鮮卑族都改成京兆郡望，同時也不歧視山東郡望的將帥，即組織起被史家所稱的「關隴統治集

16　王仲犖：《魏晉南北朝史》下冊，上海人民出版社 1980 年版，第 561 頁。

團」。用這樣的辦法，將這個原來民族紛繁地區的各族上層都糅合在一起了。更為重要的是宇文泰還打起了復古改制的招牌，以「周」為號召，將各族文化都聯結在一起了。關隴原是統一的西周王朝的發祥地，以周為號召，實行復古的西周六官制度，這就將徙入的氐人、羌人的文化，鮮卑的文化，中原傳統的文化，甚至於西來的佛教文化，都統統溶入「周」文化之中了。關隴集團的組成和打出「周」的旗號，這正是宇文泰在政治、文化上的成功之處。

乙弗氏的悲劇發生在西魏的初年。從這個悲劇故事中我們可以見到西魏初年關隴民族和文化的多元化，有鮮卑的文化、氐羌的文化、中原傳統文化、西來的佛教文化等等。但到宇文泰復古改制，組織起關隴集團時，這一切都融合起來了。應當認為，這是幾百年來民族分裂的必然結果。在中國歷史上，統一畢竟是主流，許多民族進入中原以後，在長期的共同生活中，都融入以漢族為主體的國家中了，一些民族的名稱，如鮮卑、氐、羌、羯、屠各、敕勒等等，此後都逐漸在史籍上消失了。

（原載鄭炳林主編《麥積山石窟藝術文化論文集》，蘭州大學出版社 2004 年版）

隋唐西北的屯田

一、隋唐時期的西北地區

在中國古代的歷史上，秦漢和隋唐，可稱是封建社會中兩個最為繁榮強盛的時期。這兩個時期雖然相距有七八百年的時間，但在許多方面卻有驚人的相似之處。秦王朝是在經過了春秋戰國長期分裂割據的局面以後出現的一個大一統的封建帝國。它立國甚短，然它所建立的專制主義中央集權的制度，為西漢王朝所繼承，出現了中國封建史上經濟、文化迅速發展的第一個高峰。隋王朝也是在經過了魏晉南北朝長達三百七十餘年的分裂而後出現的一個統一的中央集權的王朝，可惜它亦是一個短命的朝代，而繼它成立的唐王朝，卻沿襲了隋的典章制度，成為當時世界上最強盛的國家。秦漢、隋唐不僅在國內政治、經濟發展的方面非常相似，同時，在與周邊各族的關係及邊疆開發方面亦有許多共同的特點，這就是在這兩段時期裡，中原漢族王朝與周邊各族的關係都非常密切，經濟、文化的交流大大地加強了；邊遠地區在中原政權人力、物力的支援下，都進入了一個新的迅速發展的階段。

　　魏晉南北朝時期，中原分裂，周邊許多少數民族的首領乘機領兵進入中原，建立起了一個個封建割據政權。經過漫長、痛苦的過程，進入中原的各民族逐漸地融合在一起了。北魏孝文帝的改革，北周託古改制的實行，都有力地推進了這一融合的過程。到隋唐王朝建立後，一些過去內遷的民族如鮮卑、烏丸、丁零、盧水胡、屠各、羯、匈奴等，已不見於歷史記載，出自少數民族的一些姓氏，如元、長孫、宇文、竇、劉、陸、賀、于、穆等，也都與漢人同文同俗，區分不開了。強盛的隋唐王朝，正是在民族大融合的基礎上建立起來的。

　　在魏晉南北朝時期進入中原的周邊各族不斷與漢族融合的同時，一些尚留居於周邊地區的小的部落卻乘機興起了。從隋唐兩朝的周邊民族來看，主要的是：東北有高麗，北有突厥，西有吐谷渾及西域諸國，西南有吐蕃、南詔等。隋唐兩朝在西北地區設置的屯田，大抵都是與對抗突厥、吐谷渾及吐蕃，用以鞏固邊防、經營西域有關的。當然，隨著形勢和時代的發展，唐代的屯田區的設置地區有所變動，一些屯田區內部的生產和分配關係也在不斷發生變化，但我們也只有在闡明了唐代西北邊疆的形勢以後，才能更深刻地理解唐在這一地區實行屯田和它所以不斷變化的重大意義。

　　從南北朝末年以來，對中原政權威脅最大的莫如北方的突厥。突厥為匈奴之別種，最早居住在葉尼塞河上游，後為鄰國所破，遷至高昌北山。柔然征服高昌時，亦臣服突厥，將之遷於阿爾泰山之陽，成為突厥的「鍛奴」。到了五世紀的後半葉，柔然不斷內亂，逐漸衰弱，突厥乘機興起。西元五五二年，突厥首領土門大破柔然於懷荒之北，遂自號伊利可汗。至木桿可汗時，他攻滅柔然，西破嚈噠，東走契丹，北並契骨，成為漠北最強大的國家。它的疆域，「東自遼海以西，西至西海（指裏海）萬里，南自沙漠以北，北至北海（指貝加爾湖）

五六千里，皆屬焉」[1]。西域諸國亦皆在其役屬之下。

　　突厥興起之時，中原正是北魏分裂，繼之是北齊、北周對峙的局面。木桿可汗就利用了這一形勢對中原這兩個政權進行掠奪與勒索。開始時，齊強周弱，突厥雖通過婚姻兩邊進行敲詐，但基本上是扶周抗齊，多次與北周共同出兵進攻北齊。為此，北周每年給突厥送去繒絮錦彩十萬段，北齊儘管常遭攻擊，然為減免些災難，「亦傾府藏以給之」。所以，他缽可汗曾驕傲地說：「我在南兩兒常孝順，何患貧也。」[2]到後來，北周滅了北齊，突厥又立高紹義為齊帝，召集舊部，入寇幽州，圍掠酒泉。他缽死，沙缽略繼立。至周宣帝大象二年（580），北周以千金公主出嫁沙缽略可汗，寇略暫止。第二年楊堅篡周建隋，千金公主每懷復仇之志，所以沙缽略可汗引軍四十萬在武威、天水、金城、上郡、弘化、延安等郡縱兵大掠，六畜咸盡，給隋王朝造成極大的損失。隋因派河間王楊弘、左僕射高熲、右僕射虞慶則等率兵出塞抗擊，打退了突厥的進攻。

　　不久，突厥內部分裂，形成了東突厥和西突厥兩個汗國。東突厥沙缽略可汗西為達頭可汗和阿波可汗所困，東又畏契丹入侵，勢力大為削弱，不得已向隋王朝稱臣求和。隋王朝採用了長孫晟的「遠交而近攻，離強而合弱」的政策，使得突厥內訌更加激烈。後來，到都藍可汗在位時，隋以宗女安義公主嫁與都藍的弟弟突利可汗，導致了都藍與突利間的衝突。突利戰敗南下降隋，被封為啟民可汗。隋於朔州築大利城以居之，遂又南移入塞，遷於夏、勝二州之間，並掘塹數百裡，防止都藍的襲擊。西元五九九年末，突厥內亂，都藍為部下所

1　《周書》卷五〇《突厥傳》，第 909 頁。

2　《隋書》卷八四《突厥傳》，第 1865 頁。

殺。西突厥達頭可汗乘機占領了漠北，南下侵襲隋王朝代郡，又遣兵掠奪了啟民可汗的部眾與牲畜。隋以楊素為雲州道行軍元帥，大破達頭的兵眾，截回了人畜。到了西元六〇三年，突厥內部又發生大亂，鐵勒、思結、僕骨等皆背叛達頭，南下歸降於啟民。達頭西奔至吐谷渾而死。東突厥之地，遂為啟民可汗所有。

西突厥從達頭向東發展以後，原地先後由泥利可汗及處羅可汗所轄。至煬帝統治初年，西突厥內部發生內亂，鐵勒強大，處羅可汗遂遣使入貢。煬帝西巡張掖，用裴矩的計劃，離間處羅可汗及其部下射匱之間的關係，結果射匱襲擊處羅，迫使處羅東奔入朝。至此，東西突厥對隋的威脅得到了解除。

可惜的是，在隋王朝較好地解除了自古以來對中原政權威脅最大的北方游牧民族的騷擾以後，隋王朝自身卻在煬帝的殘暴統治下崩潰了。在北方的蒙古高原上，繼啟民可汗而立的始畢可汗乘中原內亂，又逐漸強大。他東征西戰，建立起了「東自契丹、室韋，西盡吐谷渾、高昌諸國，皆臣屬焉」的游牧帝國。西元六一五年，隋煬帝出巡雁門，為始畢可汗包圍，求救於義成公主，才得解脫。隋末北方群雄為爭奪政權，這時也都竭力拉攏突厥，用以擴張自己的勢力。建立唐王朝的李淵，也曾稱臣於突厥。《貞觀政要》中即曾記述唐太宗的話說：「往者國家草創，突厥強梁，太上皇（李淵）以百姓之故，稱臣於頡利。」[3]突厥從始畢可汗開始強大，經處羅可汗而至唐代初年頡利可汗時，更是「兵馬強盛，有憑陵中國之志」[4]。他連年出兵進襲原州（今寧夏固原）、朔州（今山西朔縣）、太原及河北等地。唐太宗剛即位，

3　《貞觀政要》卷二《任賢第三‧李靖》，第38頁。

4　《舊唐書》卷一九四上《突厥傳》，第5155頁。

突厥即以十萬騎兵進至武功，京師長安為之戒嚴。

　　唐為抗擊突厥，厲兵秣馬，進行了積極的準備。相反地，在頡利可汗統治之下，由於重斂役屬諸部，突厥內部不斷發生鐵勒諸部的起義，加以連年大風雪的襲擊，六畜多死，突厥汗國大大地削弱了。在此情況下，貞觀三年（629）冬，唐太宗命李靖、李勣等分道出擊，奚、契丹等部降唐，薛延陀與唐結成同盟，頡利更加孤立。第二年，李靖深入大漠，生擒頡利可汗，東突厥敗滅。唐於是將突厥降眾遷於塞內，東起幽州，西至靈州，設順、祐、化、長四州都督進行管理，在頡利故地則設立了雲中、定襄兩個都督府。

　　後來，繼東突厥而據有漠北的是薛延陀，至西元六四六年，也為唐將李勣所滅。到武則天在位時，東突厥又有骨咄祿、默啜的復興，常抄掠并州、雲州以及靈州、涼州等地。唐於河外築三受降城才擋住了突厥的南下。唐玄宗時，突厥為回紇所滅。

　　西突厥自處羅可汗降隋後，射匱可汗遂逐步役屬了玉門關以西諸國。到唐代初年，西突厥是射匱弟統葉護可汗在位。他北並鐵勒，西破波斯、罽賓，有控弦之士數十萬，成為西域的霸主。但到統葉護可汗一死，內部爭位相互攻擊，這就為唐進入西域創造了機會。早在東突厥頡利可汗敗亡時，伊吾七城即隨之降唐，唐於其地設立了伊州。到貞觀十四年（640），唐命大將侯君集擊滅高昌，於其地設立了西州和安西都護府。接著，唐將郭孝恪又擊滅依附於西突厥的焉耆、龜茲，遷安西都護府於龜茲，下統龜茲、焉耆、于闐、疏勒四鎮。至此，西突厥自知勢單力弱，降於唐朝。唐在今天山北路一帶設置了北庭都護府（在今新疆吉木薩爾），在今天山南路設立了安西都護府，各自統轄了許多羈縻州縣，皆以當地的首領為地方長官。不過，在高宗初年，西突厥阿史那賀魯又發動叛亂，唐先後命梁建方、程知節及蘇

定方等進行討伐，至西元六五七年賀魯被俘，西突厥汗國才完全覆滅。

　　繼突厥而後據有漠北的是回紇。回紇在玄宗時曾出兵襲殺涼州都督王君，「梗絕安西諸國朝貢道」[5]。及至安史亂起，回紇助唐平定安史，又在西北與吐蕃相持，故以和平交市為主。及至唐武宗時，回紇內亂，為黠戛斯所破，一支投吐蕃，一支投安西，一支南下，曾入掠雲（治今山西大同）、朔（治今山西朔縣）、西（治今新疆吐魯番）州，並騷擾振武軍（駐今內蒙古托克托）及天德軍（駐今內蒙古烏拉特前旗北）。不久，這支回紇為唐將劉沔所敗，餘部走投室韋，後為黠戛斯所征服。

　　在唐代前期，對唐王朝西北邊疆影響最大的還有吐谷渾和吐蕃兩個少數民族建立的國家。

　　吐谷渾原是慕容鮮卑的一支。在這一部族遷至今青海、甘肅南部地區後，與當地的羌族融合，成為中國古代西北地區的一個古老的民族。當中原陷入十六國紛亂時，吐谷渾即已建立起了政權。經北魏、北齊、北周，這一政權雖屢次遭到中原政權的打擊，然它仍能保據一方，不時給中原政權西部邊境造成威脅。到隋王朝建立，吐谷渾仍不斷寇掠弘州（治今甘肅臨潭西）、涼州（治今甘肅武威）。隋文帝楊堅登位的第一年，即命元諧、賀婁子干引兵出擊，大敗吐谷渾，降其名王十七人、公侯十三人。[6]但是，吐谷渾勢力仍未被摧毀，以後仍不斷入掠邊郡，以致「西方多被其害」。文帝命賀婁子干發兵深入吐谷渾境進討，同時還下令河右地區「勒民為堡，營田積穀，以備不虞」[7]。吐谷渾掠邊的問題仍然得不到解決。一直到文帝開皇四年（584），吐谷

5　《新唐書》卷二一七上《回紇傳》，第6114頁。

6　《隋書》卷四〇《元諧傳》，第1171頁。

7　《隋書》卷五三《賀婁子干傳》，第1352頁。

渾內部因王位繼承問題而發生內亂，接著在開皇九年（589）隋又平定
了陳國，南北已經統一。在這種情況下，吐谷渾才懼而「不敢為寇」，
與隋王朝進行和平友好往來。後來，隋文帝還以宗女光化公主出嫁於
吐谷渾主世伏。到了煬帝繼位，吐谷渾主伏允又不斷出兵擾掠武威、
張掖等郡，煬帝曾命大將宇文述等出西平郡進行掩襲，伏允「南走雪
山」。煬帝於大業五年（609）西巡時，發大軍四面包圍，伏允戰敗南
逃党項，吐谷渾之地多為隋有。煬帝於其地置西海、河源、鄯善、且
末四郡，並在這裡大開屯田。及至煬帝末年，中原大亂，伏允又收復
吐谷渾故地，復為邊患。唐太宗即位以後，吐谷渾屢發兵掠奪松、
岷、洮、鄯、廓、蘭等州。貞觀九年（635），太宗命李靖、侯君集、
李道宗、李大亮等分軍出擊，伏允於大磧中自縊而死，國人立其子慕
容順為可汗，內附於唐。後來國內叛亂，慕容順被殺，立其子諾曷鉢
為可汗，唐封其為河源郡王，並妻以宗女弘化公主。及至唐高宗龍朔
三年（663），吐蕃大論祿東贊率軍攻入吐谷渾，諾曷鉢及弘化公主走
投涼州，高宗遣右威衛大將軍薛仁貴出兵援救，結果為吐蕃大敗於大
非川，吐谷渾故地遂為吐蕃所占有，諾曷鉢則後來被唐安置於靈州（治
今寧夏靈武南），「置安樂州，以諾曷鉢為刺史，欲其安而且樂也」[8]。

　　如果説吐谷渾在唐初對唐王朝的西部邊境的騷擾是短暫的，並沒
有造成嚴重的後果，那麼，雄居青藏高原的吐蕃為唐王朝西部的勁
敵，幾乎是與唐祚相始終的，可以這樣説，唐王朝由盛而衰，吐蕃的
進擾和脅迫是其中重要的一個原因。唐代西北地區的軍事屯田，很大
程度上都是與抗擊吐蕃相連繫的。

　　吐蕃是今藏族祖先建立的國家，隋唐之際，在其首領松贊干布統

8　《舊唐書》卷一九八《吐谷渾傳》，第5300頁。

一了西藏高原以後才逐漸強大起來。唐太宗時，曾以宗女文成公主出嫁松贊干布，與唐和好。至唐高宗統治時期，吐蕃吞併了吐谷渾故地，並大敗薛仁貴於大非川，於是「連歲寇邊」[9]，給唐王朝西部邊境造成嚴重的威脅。接著，吐蕃又於西元六七八年大敗唐將劉審禮於青海，進而與西突厥貴族聯合，出兵西域，攻陷龜茲、疏勒等安西四鎮，迫使唐在河西走廊及西域地區派兵防守，不斷與吐蕃爭戰。至武則天統治時期，武威軍總管王孝傑大破吐蕃，安西四鎮才得以恢復。此後，唐蕃雖然使書往來，互通婚姻，但戰爭仍然不斷。特別是到睿宗時吐蕃得到肥美的河西九曲之地（今青海省共和縣一帶），於是「頓兵畜牧」，更增強了實力。「自是連年犯邊」，以致造成「甘、涼、河、鄯徵發不息」。玄宗開元、天寶年間，郭知運、王君㚟、蕭嵩、崔希逸、杜希望、蓋嘉運、哥舒翰等唐代有名的將領鎮守河西、隴右，以對抗吐蕃。及至安史之亂，河隴重兵東調入靖國難，於是吐蕃乘機吞併了「鳳翔之西、邠州之北」的大塊土地[10]，將唐蕃邊界一直東移到西安附近。後來唐王朝不斷反擊，把防線西推到靈鹽、涇原一帶，並在這一地帶實行屯田，才使西部邊疆逐步鞏固下來。這一形勢一直延續到唐宣宗時期，由於吐蕃內部出現了封建割據，唐乘機收復了原州、威州、秦州及石門、蕭關等地。沙州張議潮也在大中二年（848）發動起義，唐命為歸義軍節度使。至此，吐蕃為患的問題總算得到了較徹底的解決。但是，這時的唐帝國本身亦已千瘡百孔，內部矛盾重重，河隴之地名為唐有，實際上也是無力顧及，河西、隴右的許多地方，都是一些半獨立的政權，互相爭戰不已。如河西走廊之地，甘州為回鶻

9　《舊唐書》卷一九六上《吐蕃傳上》，第 5223 頁。

10　《舊唐書》卷一九六上《吐蕃傳上》，第 5236。

所占，涼州為嗢末政權，敦煌為歸義軍張氏所有。這種情況，一直延續到唐代滅亡。後來大體上都為新起的西夏政權所吞併。

從以上可以看出，唐代從立國之時起，在西北邊疆上先後有東突厥、西突厥、吐谷渾等的抄略，繼之則有吐蕃、回紇等勁敵。唐為對付這些少數民族政權，除了出兵襲擊以外，還得在邊疆駐兵防守。駐兵就有個糧食、裝備問題。自古以來，西北是個地廣人稀的地區，地方所收糧食遠不能滿足駐守軍隊的需要。因此，屯田也就成為中國西北邊疆自古以來的一項重要政策。唐代的屯田，也就是隨著邊疆形勢的發展而在今新疆天山南北路，青海湟水流域，以及甘肅、寧夏的河西走廊、涇原、靈鹽一帶實行的。

二、隋唐時期西北屯田的概況

（一）

在邊州屯田，這是兩漢以來中原政權一直推行的政策。魏晉以後，南北分據，北方拓跋魏及北齊、北周政權，皆曾於邊境屯田，北魏之初，太祖拓拔珪於登國九年（394），「使東平西元儀屯田於河北五原，至於椆楊塞外」[11]。後來破中山，徙山東六州民吏等三十六萬於平城附近，「各給耕牛，計口授田」[12]。事實上這也類似漢代民屯的性質。《魏書‧於栗磾傳附於烈傳》曾說：

> 延興初，敕領寧光宮宿衛事，遷屯田給納。

這屯田給納，顯然是北魏前期屯田系統中的一位官員。至於北魏更大

11　《魏書》卷二《太祖紀》，第26頁。

12　《魏書》卷一一〇《食貨志》，第2850頁。

規模的屯田，則是在孝文帝太和年間。太和十二年（488），李彪建議：

　　別立農官，取州郡戶十分之一以為屯民，相水陸之宜，料頃畝之
數，以贓贖雜物餘財市牛科給，令其肆力。一夫之田，歲責六十斛，
蠲其正課，並徵戍雜徭役。[13]

孝文帝採納了這一建議，於是：

　　自此公私豐贍，雖時有水旱，不為災也。[14]

　　北魏承十六國大亂之後，中原地荒人稀，在各州郡實行屯田，自
然具備這樣的條件。北魏於各州郡實行屯田的同時，更重視邊地的屯
田。《魏書‧范紹傳》說道，宣武帝時，北魏攻取義陽，以范紹為義陽
太守，他於是：

　　發河北數州田兵二萬五千人，通緣淮戍兵合五萬餘人，廣開屯田。

這裡所說河北田兵同緣淮士兵一起屯田，在《魏書‧食貨志》中也有
記載：

　　自徐揚內附之後，……乃令番戍之兵，營起屯田，又收內郡兵資
與民和糴，積為邊備。

13　《魏書》卷六二《李彪傳》，第 1386 頁。
14　《魏書》卷一一〇《食貨志》，第 2857 頁。

　　緣淮地區屯田，應是北魏為防禦南朝各代北進而設立的。至於河北地區，《魏書・楊播傳附弟楊椿傳》說道：

　　自太祖平中山，多置軍府，以相威攝。凡有八軍，軍各配兵五千，食祿主帥軍各四十六人。自中原稍定，八軍之兵，漸割南戍，一軍兵才千餘，然主帥如故，費祿不少。椿表罷四軍，減其帥百八十四人。州有宗子稻田，屯兵八百戶，年常發夫三千，草三百車，修補畦堰。椿以屯兵惟輸此田課，更無役徭，及至閏月，即應修治，不容復勞百姓，椿亦表罷。

楊椿在宣武帝時為定州刺史，這裡所說拓跋珪平定中山時有八個軍府，每軍五千，當有四萬人，後來稍調南戍，這同我們上面所引《范紹傳》中所說河北田兵二點五萬與緣淮士兵共同屯田是相吻合的。可見在河北的八軍，其中很大一部分是田兵。另外還從這條材料中知道，在定州還有宗子所屬的屯兵八百戶，這可能與北魏時期部落領兵制度有關的。這批屯兵，也是從事耕作的。

　　北魏在西部的屯田，史書未有記載，但是太武帝太平真君年間，北魏曾滅掉鄯善國「留軍屯守」，以交趾公韓拔為「假節，征西將軍，領護西戎校尉、鄯善王以鎮之，賦役其人，比之州縣」[15]。

　　北魏在此留軍屯守，也只能是效法兩漢，實行屯田。

　　至於河西地區，《魏書・食貨志》說：

　　世祖之平統萬，定秦隴，以河西水草善，乃以為牧地。畜產滋

15　《魏書》卷一○二《西域傳》，第2262頁。

息，馬至二百餘萬匹，橐駝將半之，牛羊則無數。

顯然，這裡是北魏的屯牧地區。

及至北魏分裂，北齊、北周相繼建立，這兩個北方政權仍然實行屯田政策。東魏孝靜帝武定年間，崔昂即曾上疏説：

屯田之設，其來尚矣。曹魏破蜀，業以興師，馬晉平吳，兵因取給。朝廷頃以懷、洛兩邑，鄰接邊境，薄屯豐稔，糧儲已瞻，準此而論，龜鏡非遠。其幽、安二州，控帶奚賊、蠕蠕；徐、揚、兗、豫，連接吳越強鄰，實藉轉輸之資，常勞私耀之費。諸道別遣使營之，每考其勤惰，則人加勸勵，倉廩充實，供軍濟國，實謂在茲。

他建議在東魏沿邊各州實行屯田，為當時執政的高澄所採納。此後，在北齊廢帝乾明中，尚書左丞蘇珍之，「議修石鼈等屯，歲收數十萬石」[16]。孝昭帝時，平州刺史稽曄亦在幽州屯田：

開幽州督亢舊陂，長城左右營屯，歲收稻粟數十萬石，北境得以周瞻。又於河內置懷義等屯，以給河南之費，自是稍止轉輸之勞。

武成帝河清三年（564），在公布均田令的同時，又下令：

緣邊城守之地，堪墾食者，皆營屯田，置都使、子使以統之。一

16　《隋書》卷二四《食貨志》，第676頁。

子使當田五十頃，歲終考其所入，以論褒貶。[17]

從上可見，北齊屯田的規模是很龐大的。

　　西魏在大統年間即開始注意進行屯田。《周書·薛善傳》説道：

　　尋徵為行臺郎中。時欲廣置屯田以供軍費，乃除司農少卿，領同州陽夏縣二十屯監。

後來，他又被「追論屯田功，賜龍門縣子，遷黃門侍郎，加車騎大將軍、儀同三司」。看來，同州屯田曾收到極好的效果。在薛善於同州屯田的同時，王思政亦在弘農「修城廓、起樓櫓，營農田，積芻秣」，用軍隊進行屯田。史稱，「弘農之有備，自思政始也」[18]。此後，宇文貴為興州刺史，「貴表請於梁州置屯田，數州豐足」[19]。李賢為河州刺史：

　　賢乃大營屯田，以省運漕，多設斥候，以備寇戎。於是羌、渾斂跡，不敢東向。[20]

西魏、北周的屯田，見於史籍的大略如上。

　　到了隋代，南北統一，北破突厥，西並吐渾，採裴矩之策，開通西域，一時呈現出極其繁榮的景象。然而，隋自煬帝繼位，窮兵黷武，徭役不息，民怨沸騰，終於爆發了規模宏大的農民起義。不久，

17　《隋書》卷二四《食貨志》，第 678 頁。

18　《周書》卷一八《王思政傳》，第 295 頁。

19　《周書》卷一九《宇文貴傳》，第 313 頁。

20　《周書》卷二五《李賢傳》，第 417 頁。

楊隋政權也就在農民反抗鬥爭的烈火中覆滅了。

楊隋立國雖短，但也實行過屯田政策。早在文帝開皇之初，趙仲卿為朔州刺史，史稱「於是塞北盛興屯田，仲卿總統之」。這位人稱「猛獸」的封建官吏，因嚴酷而取得了「收穫歲廣，邊戍無饋運之憂」[21] 的效果。在西北地區，文帝開皇二年（582），吐谷渾寇邊，西境多被其害，文帝命賀婁子幹驛馳至河西，發五州兵討之，大掠其國而還。對吐谷渾寇邊，文帝以為隴西「不設村塢」之故，所以下令賀婁子幹「勒民為堡，營田積谷，以備不虞」。但是，賀婁子幹以為：

> 隴西、河右，土曠民稀，邊境未寧，不可廣為田種。比見屯田之所，獲少費多，虛設人功，卒逢殘暴。屯田疏遠者，請皆廢省。[22]

文帝採納了這一意見。從賀婁子幹的話可以得知，隴西、河右屯田，自北周以來即有，只是費功甚多，所獲甚少，這大概是與當時北有突厥，南有吐渾，常遭寇掠所致。到了大業五年（609），煬帝西巡，大敗吐谷渾，於其地設置了河源、西海、鄯善、且末四郡，把今青海大部分及新疆東南一角歸於隋王朝直接管轄。與此同時，煬帝命劉權：

> 過曼頭、赤水，置河源郡、積石鎮，大開屯田，留鎮西境。[23]

顯然，這是指軍隊的屯田。為了加強這一地區的防衛，《隋書・食貨志》還說，煬帝還「謫天下罪人，配為戍卒，大開屯田，發西方諸郡

21　《隋書》卷七四《趙仲卿傳》，第 1696 頁。

22　《隋書》卷五三《賀婁子幹傳》，第 1352 頁。

23　《隋書》卷六三《劉權傳》，第 1504 頁。

運糧以給之」。似乎這四郡的屯田，在此之後仍不斷有所發展。

在平定吐谷渾之後，煬帝很快就將兵鋒轉而向東，發動了侵略高麗的戰爭，隨之而來的全國性的農民起義，使隋王朝很快地崩潰了。

（二）

李唐王朝從其立國之始就開始實行屯田政策，特別是在西北地區屯田，則是唐王朝為防止西突厥、吐谷渾以及吐蕃在邊境寇掠的一項重要措施。

唐代的屯田，是從唐高祖武德年間開始的，武德三年（620），李淵以竇威為益州行臺左僕射。為了防止隋末復興的吐谷渾向東寇掠，竇威「始屯田松州」[24]。此後，武德六年（623），并州大總管長史竇靜又上表高祖李淵：「請於太原置屯田以省饋遠。」[25]河間王李孝恭在武德中為荊州大都督時亦「開置屯田，創立銅冶」[26]。其後，隨著國內政局的穩定和對周邊各族戰爭取得勝利，唐王朝在內地及邊區都曾開置屯田。如貞觀年間，張公謹於代州上表請置屯田。[27]張儉於代州組織思結部落營田，以致「每年豐熟」[28]。唐代大規模設置屯田，《唐六典》卷七「屯田郎中」條下曾記載了玄宗開元年間全國屯田的概況：

凡天下諸軍州管屯總九百九十有二。

河東道：大同軍四十屯。橫野軍四十二屯。雲州三十七屯。朔州三屯。蔚州三屯。嵐州一屯。蒲州五屯。

24　《新唐書》卷九五《竇威傳附竇軌傳》，第 3845 頁。

25　《資治通鑑》卷一九〇，高祖武德六年條，第 5974 頁。

26　《舊唐書》卷六〇《河間王孝恭傳》，第 2348 頁。

27　《舊唐書》卷六八《張公謹傳》，第 2507 頁。

28　《舊唐書》卷八三《張儉傳》，第 2776 頁。

關內道：北使二屯。鹽州牧監四屯。太原一屯。長春一十屯。單
　　　　于三十一屯。定遠四十屯。東城四十五屯。西城二十五
　　　　屯。勝州一十四屯。會州五屯。鹽池七屯。原州四屯。
　　　　夏州二屯。豐安二十七屯。中城四十一屯。

河南道：陳州二十三屯。許州二十二屯。豫州三十五屯。壽州二
　　　　十七屯。

河西道：赤水三十六屯。甘州十九屯。大斗十六屯。建康一十五
　　　　屯。肅州七屯。玉門五屯。安西二十屯。疏勒七屯。焉
　　　　耆七屯。北庭二十屯。伊吾一屯。天山一屯。

隴右道：渭州四屯。秦州四屯。成州三屯。武州一屯，岷州二
　　　　屯。軍器四屯。莫門軍六屯。臨洮軍三十屯。河源二十
　　　　八屯。安人一十一屯。白水十屯。積石一十二屯。富平
　　　　九屯。平夷八屯。綏和三屯。平戎一屯。河州六屯。鄯
　　　　州六屯。廓州四屯。蘭州四屯。南使六屯。西使一十屯。

河北道：幽州五十五屯。清夷十五屯。北郡六屯。威武一十五
　　　　屯。靜塞二十屯。平川三十四屯。平盧三十五屯。安東
　　　　一十二屯。長陽使六屯。渝關一十屯。

劍南道：雟州八屯。松州一屯。

　開元二十二年，河南道陳、許、豫、壽又置百餘屯。二十五年，
敕以為不便，並長春宮田三百四十餘頃，並令分給貧民。

　《唐六典》和《新唐書・食貨志》都說唐開元時有屯田九二二屯。然按
《唐六典》所列，各道合計一〇三九屯。除鹽屯二十九屯外，尚有一〇
一〇屯。其中在今西北地區除隴右、河西三二六屯之外，還應包括關
內的鹽州牧監、單于、定遠、東城、西城、勝州、會州、鹽池、原

州、夏州、豐安、中城等二四〇屯。合計應為五六六屯。這一數字已占當時全國屯田總數的一半以上，從此亦可見唐王朝在西北屯田的重要意義。

　　唐王朝在西北屯田，最早都是與軍事有關的。在唐太宗統治時期，唐對吐谷渾、西域用兵不斷取得勝利，此時就已開始了西北的軍事屯田，《舊唐書·吐蕃傳》說：

　　　貞觀中，李靖破吐谷渾，侯君集平高昌，阿史那社爾開西域，置四鎮。前王之所未伏，盡為臣妾，秦漢之封域，得議其土境耶！於是歲調山東丁男為戍卒，繒帛為軍資，有屯田以資糗糧，牧使以娩羊馬。大軍萬人，小軍千人，烽戍邏卒，萬里相繼，以卻於強敵。

這段材料說明了唐代西北屯田的起因，但仍未指出唐在西北屯田的具體年代與地點。最早明確指出唐在西北屯田的具體地點和年代的是《舊唐書·黑齒常之傳》。黑齒常之在高宗永隆（680）中為河源軍大使，他以為：

　　　河源軍正當賊沖，欲加兵鎮守，恐有運轉之費，遂遠置烽戍七十餘所，度開營田五千餘頃，歲收百餘萬石。

自此以後，有婁師德、郭元振先後屯田於靈、夏兩州及隴右、河西地區，郭虔瓘、張孝嵩、王斛斯等屯田於西域。

　　為使我們對唐代西北屯田的規模、發展狀況有比較全面的了解，茲分西域、河西、河湟，以及豐、勝、靈、鹽、涇、原等幾個地區來加以敘述。

甲、西域地區的屯田

西域地區，這裡主要指的是今新疆維吾爾自治區的境內。唐在這一地區的屯田，應該是從唐太宗平定高昌開始的。《舊唐書·褚遂良傳》說道：

> 陛下誅滅高昌，⋯⋯歲遣千餘人遠事屯戍，終年離別，萬里思歸，去者資裝，自須營辦，既賣菽粟，傾其機杼，經途死亡，復在其外，兼遣罪人，增其防遏。

這裡所說的「遠事屯戍」，當然主要指的是戍邊。但軍隊戍邊，自兩漢以來都是既耕且戰的。千人屯戍，當亦有耕種的任務。褚遂良所說「兼遣罪人」，則顯然是效法漢武帝的措施了。漢武帝曾不斷強徙徒隸至邊郡屯田，唐遣罪人至高昌，亦應是用來屯田的。

唐代初年在西域屯田，我們亦可從吐魯番出土文書中得到一些印證。

唐代平定高昌，是在太宗貞觀十四年（640）八月，以其地置西州。在吐魯番出土的文書中，有一件《唐貞觀十四年西州高昌縣李石柱等戶手實》[29]，說到李石柱於貞觀十四年九月即已向當地政府申報人口狀況及土地數字。由此可見，僅有一個月的時間，唐王朝就已著手在這裡推行均田制了。可以想像，伴隨著均田制的推行，唐為解決這一地區駐軍的糧食，不可能不在這裡實行屯田。更何況在麴氏高昌時期，麴氏政權就實行過屯田，在吐魯番發現的文書中有這樣幾件：《高

29　《吐魯番出土文書》第四冊，第71頁。

昌延昌酉歲屯田條列得橫截等城葡萄園頃畝數奏行文書》[30]、《高昌義
和三年（616）屯田條列得水謫麥劼斗奏行文書》、《高昌延壽九年
（631）屯田殘奏》[31]。唐在滅高昌以後，很可能就繼承了高昌屯田的土
地。吐魯番阿斯塔那 91 號墓出土的《唐蘇海願等家口給糧三月帳》等
十件家口給糧帳[32]，其中給糧分有丁男、丁妻妾、中小、小男等不同的
標準，我以為這是唐代貞觀年間分給屯田家口的帳目。因為 91 號墓出
土的文書有紀年的是貞觀十七年至貞觀十九年，這十件文書亦當在貞
觀年間。由唐地方政府發給一家老少口糧，應該不是戍兵，因為戍兵
是不帶家口的。帶妻妾老少在西州並由當地發給口糧的，可能就是褚
遂良所說的全家被發譴來屯田的罪人。

如果說唐代初年在西州屯田僅只是推測的話，那麼，在武周、中
宗時期則就有文書可據了。吐魯番阿斯塔那 230 號墓出的《武周天授二
年（691）總納諸色逋懸及屯收義納糧帳》[33]和阿斯塔那 518 號墓出土的
《唐西州某縣事目》[34]中記載有「為給白水屯種子支供訖」條，明白說
到了關於屯田的事情。當然，有關唐代在西域屯田的資料，還是《唐
六典》說得比較全面。《唐六典》說到在西域屯田的有安西二十屯、疏
勒七屯、焉耆七屯、北庭二十屯、伊吾一屯、天山一屯，共為五十六
屯。其中最多的是安西、北庭二處，多達二十屯。然而，這兩處屯
田，正史闕載，我們只能根據一些間接的資料和吐魯番出土的文書加
以補充。

30　《吐魯番出土文書》第五冊，第 2 頁。

31　《吐魯番出土文書》第三冊，文物出版社 1981 年版，第 195、282 頁。

32　《吐魯番出土文書》第六冊，文物出版社 1985 年版，第 18-37 頁。

33　《吐魯番出土文書》第八冊，文物出版社 1987 年版，第 166 頁。

34　《吐魯番出土文書》第七冊，文物出版社 1986 年版，第 345 頁。

　　《唐六典》所説的疏勒、焉耆各七屯，應即在今喀什、焉耆境内。
而所説的安西二十屯，應指的是安西都護府的所在地龜茲而言的。太
宗時，先置安西都護府於西州交河城，後破龜茲，移安西都護府於龜
茲。高宗及武后初期，由於吐蕃勢力深入，安西都護府不斷遷徙於西
州及龜茲之間，及至武后長壽元年（692），王孝傑大破吐蕃，收復四
鎮，「自此復於龜茲置安西都護府，用漢兵三萬人以鎮之」[35]。一直至
玄宗時不曾移動。玄宗開元中改安西都護府為安西四鎮節度使。《唐六
典》所説的安西二十屯，應指的是在龜茲一帶的屯田，但並不包括安
西四鎮其他地區在内。《舊唐書・杜暹傳》曾説到，開元四年（716），
杜暹「遷監察御史，仍往磧西復屯」。磧西，應指的是安西都護府的轄
區。《唐會要》卷七八「節度使」條載：

　　安西四鎮節度使，開元六年三月楊嘉惠除四鎮節度經略使，自此
始有節度之號，十二年以後，或稱磧西節度，或稱四鎮節度。

又據《新唐書・方鎮表》所載，開元四年（716），置「安西大都護領
四鎮諸蕃大使」。開元六年（718），置「安西都護領四鎮節度、支度經
略使，副大都護領磧西節度、支度經略等使，治西州」。磧西節度雖在
開元六年後由安西副都護所兼，但磧西之名，應指莫賀延磧之西，早
已有之。杜暹至磧西復屯，《通典》卷二四「監察侍御史」條注説：「開
元五年，監察御史杜暹往磧西復屯倉。」可見安西一帶早在唐代就是重
要的屯田區了。杜暹去磧西時，當時安西副大都護是郭虔瓘。不久，
張孝嵩為安西都護，史稱他「在安西，務農重戰，安西府庫，遂為充

35　《舊唐書》卷一九八《西戎傳・龜茲傳》，第5304頁。

實」[36]。所謂「務農重戰」，也應指的是在安西屯田。

　　關於在安西的屯田，也散見於唐人文集中。《曲江張先生文集》中曾多次提到過安西屯田的事，其中卷一○《敕安西節度王斛斯書》中說：

　　朕雖在九重，心懸萬里，念慮之至，想所知之，近既加兵，惟憂糧儲，諸處屯種，今復如何？逆賊有謀，還慮殘暴，必須善守，無令損失。

　　同卷給王斛斯的另一敕中，玄宗還特別提醒他說：

　　近日狂虜形候如何，屯收是時，尤需預備。

　　卷一一《敕北庭都護蓋嘉運書》說：

　　且蘇祿猖狂，方擬肆惡邊城，經冬不去，西州近復燒屯，亦有殺傷。

按突騎施蘇祿與唐發生衝突，始自開元十一年（723）以後。《舊唐書‧杜暹傳》載，杜暹為安西都護時，蘇祿妻金河公主以馬千匹來安西互市，為杜暹所辱，因之：

　　蘇祿大怒，發兵分寇四鎮。會杜暹入知政事，趙頤貞代為安西都

36　《舊唐書》卷一○三《郭虔瓘傳附張嵩傳》，第3189頁。

護，城守久之，由是四鎮貯積及人畜並為蘇祿所掠，安西僅全。蘇祿
既聞杜暹入相，稍引退，俄又遣使入朝獻方物。[37]

　　杜暹為安西都護，據萬斯同《唐鎮十道節度使表》是在開元十一
至十四年（723-726）。[38]《資治通鑑》載此事於開元十四年。這次亂事，
蘇祿還曾與吐蕃勾結，給唐在西域的統治造成很大的威脅。此後，按
《資治通鑑》所錄，開元十八年（730），「突騎施遣使入貢」。開元二十
四年（736）春，「北庭都護蓋嘉運擊突騎施，大破之」。同年八月，「突
騎施譴其大臣胡祿達干來請降，許之」。這就是說，突騎施蘇祿之亂從
開元十四至二十四年才基本結束。《唐方鎮年表》卷八載王斛斯為安西
四鎮節度是起自開元二十一年（733），至開元二十八年（740）才為田
仁琬所代。蓋嘉運為北庭經略使起自開元二十二年至開元二十八年
（734-740）。張九齡代玄宗所撰的詔敕，則應是開元二十一年至開元二
十四年間之事。玄宗在這些敕文中最為憂慮的是屯田的耕種與收穫，
從此亦可見安西屯田在開元時期已成為唐王朝控制西域最重要的物資
來源了。

　　北庭屯田，史書記載甚少。上引《敕北廷都護蓋嘉運書》即說的
西州屯。另有《新唐書‧吐蕃傳》中談到：

　　初太宗平薛仁杲，得隴上地；虜李軌，得涼州；破吐谷渾、高
昌，開四鎮。玄宗繼收黃河積石、宛秀等軍，中國無斥候警者幾四十

37　《舊唐書》卷一九四下《突厥傳》，第 5191 頁。

38　吳廷燮《唐方鎮年表》卷八作開元十二至十四年，中華書局 1980 年版，第 1230-1231
　　頁。《資治通鑑》卷二一二記載開元十二年春三月，「起暹為安西副大都護、磧西節
　　度等使」，第 6758 頁。

年。輪臺、伊吾屯田，禾菽彌望。

　　輪臺、伊吾，都在北庭都護境內。《唐六典》說到，北庭境內有北庭二十屯、伊吾一屯、天山一屯。根據發現的西域文書，北庭境內屯田是較多的。《貞松堂藏陇西秘籍叢殘》中有一件《唐開元中北庭都護府流外官名簿》的文書，其中記有「北庭都護府功曹府流外肆品、雲騎尉營田第一等賞緋魚袋王孝□」等四人的官銜。值得注意的是，四人中，三人都有「營田第一等」的記載。這營田第一等，應是與屯田有關的。

　　另外，涉及與屯田有關的文書，以伊吾、西州兩地最多，現已公布的就有《吐魯番出土文書》第八冊所收的《唐開元十年（722）伊吾軍上支度營田使留後司牒為烽鋪營田不濟事》、《唐開元十一年（723）狀上北庭都護所屬諸守捉田項畝牒》、《唐伊吾軍典張瓊牒為申報田勏斗數事》、《唐開元某年伊吾軍典王元琮牒為申報當軍諸烽鋪田畝數事》、《唐北庭都護支度營田使文書》、《唐伊吾軍諸烽鋪營種豆文書》、《唐西州都督府上支度營田使牒為具報當州諸鎮戍營田項畝數事》、《唐殘營田名籍》[39]等二十幾件。還有池田溫《中國古代籍帳研究》中收的《唐開元年代西州屯營田收谷計會》、《唐開元年代伊州伊吾軍屯田文書》、《唐開元十九年正月─三月西州天山縣到來符帖目》、《唐開元十九年正月西州岸頭府到來符帖目》、《唐開元年代西州諸曹答帖目》、《唐天寶元年七月交河郡納青麥狀等》十來件和黃文弼先生《吐魯番考古記》中提到的《天山府分配地子殘牒》等。一共算起來，現已公布的已有三十來件了。

39　《吐魯番出土文書》第八冊，第194-232頁。

　　在以上的這些文書中，除了涉及西州屯田、天山屯田、伊吾軍屯田以外，還提到了沿邊鎮戍烽鋪的營田。上引《唐西州都督府上支度營田使牒為具報當州鎮戍營田頃畝數事》的文書中說道：

1.西州都督府　　　牒上　　　敕
2.合當州諸鎮戍營田總壹拾□頃陸拾
3.赤亭鎮肆拾貳人營□□頃　　維磨戍
4.柳谷鎮兵參拾人□□□肆頃　酸棗戍
5.白水鎮兵參拾□□□營田陸頃　　曷畔戍兵
6.銀山戍兵□□□營田柒拾伍
7.　　右被□度營田使牒當州鎮戍田頃畝
8.　　戍兵□□□及營田頃數
（下略）

　這件所説的應是西州都督府下所屬鎮戍的人數和營田畝數。這些鎮戍所種土地是否屬於唐所定的「每伍拾頃為一屯」的屯田區之內？還是屬於鎮戍零星開墾的土地？我看應屬於後一種。蓋有「伊吾軍之印」的《唐開元十年伊吾軍上支度營田使留後司牒為烽鋪營田不濟事》及《唐開元年代伊州伊吾軍屯田文書》的兩件文書中有如下記載：

　　　□□□田水，縱有者去烽卅廿
　　　□□上，每烽烽子只有三人，兩人又屬警固，近烽不敢不營，里數既遙，營種不濟，狀上者，曹判：近烽者，即勒營種，去地遠者不可施功，當牒上支度使訖。
（下略）

又：

（前欠）

遠　軍　界

￣￣￣￣伍拾畝種豆　　　拾貳畝￣￣￣檢校健兒焦思順。

￣￣￣￣參畝種豆　　廿畝種麥　　檢校健兒成公洪福。

￣￣￣￣用　水　澆　溉

軍

￣￣￣￣畝　　苜蓿烽地伍畝，近屯。

￣￣￣￣都羅兩烽　　共伍畝

烽鋪近屯，即侵屯￣￣￣

（後略）

這兩件文書中，前一件說的烽鋪附近地應予營種，遠烽之地無力施功。後一件開列了各烽種豆、種麥的畝數，特別引人注目的是有「苜蓿烽地伍畝、近屯」、「烽鋪近屯、即侵屯」的兩段。所謂「近屯」、「侵屯」，應是指靠近屯田區的土地和侵蝕屯田區的土地。也從此可見，烽鋪營種的零星土地，不屬於五十頃一屯的屯田區之內的。《新唐書·食貨志》曾說：

鎮戍地可耕者，人給十畝以供糧。

以上幾種有關鎮戍烽鋪土地文書，應是指此種土地。這也就是說，西州、伊州有許多鎮戍烽鋪士兵開墾的零星土地。伊、西如此，西域各地鎮戍也應當有這種土地。在我們敘述唐代西域屯田的時候，不能忽

略這方面開墾的土地。

乙、河西地區的屯田

河西地區，指的是今蘭州黃河以西的走廊地帶。這一地區的屯田，一般說最早的記載是《舊唐書・郭元振傳》。該傳說到，武后大足元年（701），郭元振為涼州都督，他曾命甘州刺史李漢通於甘州「開置屯田，盡水陸之利」，以致「積軍糧支數十年」。因此治史者多以此為河西屯田之始。其實，在此之前，河西屯田早已存在。陳子昂在武后執政之初曾有《上西蕃邊州安危事三條》的奏摺，其中就說到甘、涼屯田的情況，他說：

> 頃至涼州，聞其倉儲，惟有六萬餘石，以支兵防。才周今歲。雖云屯田收者，猶在其外。略問其數，得亦不多。……又至甘州，責其糧數，稱見在所貯積者，四十餘萬石，今年屯收，猶不入計。

他認為甘州兵少，屯田收穫不多，應該增加人力，所以建議：

> 甘州宜便加兵，內得營農，外得防盜，甘州委積，必當更倍。何以言之，甘州諸屯，皆因水利，濁河灌溉，良沃不待天時，四十餘屯，並為奧壤，故每收穫，常不減二十萬，但以人功不備，猶有荒蕪。今若加兵，務窮地利，歲三十萬，不為難得。[40]

陳子昂去河西，根據羅庸先生《陳子昂年譜》的考證，是在武后垂拱二年（686）。他跟從左豹韜衛將軍劉敬同北征，自居延海返回，途經

40　《陳子昂集》卷八，第 193、195 頁。

甘、涼，回京後寫了這篇奏摺。因此，羅庸以為此摺應作於「本年秋冬之際」[41]。如果這一推論無誤，則甘、涼屯田，在李漢通之前就已存在了。從陳子昂所說看，甘州四十屯，歲獲二十萬石，已是一個規模相當大的屯田區了。後來，至武后神功元年（697），婁師德拜納言，並詔「師德充隴右諸軍大使，仍檢校河西營田事」[42]。以宰相之重而知河西營田，於此亦可見武后對河西屯田之重視。到玄宗時，《唐六典》所載，當時河西道有一五四屯，除去西域五十六屯，尚有九十八屯。其中赤水三十六屯、甘州十九屯、大斗十六屯，建康十五屯、肅州七屯、玉門五屯。赤水，即赤水軍，按《資治通鑑》卷二一五胡三省註：「赤水軍在涼州城內，兵三萬三千人。」這也就是說，在涼州境內有三十六屯。建康軍「置在甘、肅二州界。證聖元年（695），王孝傑開四鎮回，以兩州界迴遠，置此軍焉」[43]。經考證，應在今甘肅高臺縣境內的駱駝城。大斗軍，李吉甫以為在「涼州西二百里。本是赤水軍守捉，開元十六年（728）改為大斗軍，因大斗拔谷為名也」[44]。大斗拔谷，即今民樂縣之扁都口。建康、大斗兩軍之屯田，都應在甘州境內。玉門軍，「肅州西二百餘里，武德中楊恭仁置」。「開元中，玉門縣為吐蕃所陷，因於縣城置玉門軍。」[45]在唐玉門縣境內，也即今玉門市境內。從上可知，玄宗時，河西走廊中涼、甘、肅各州皆有屯田。陳子昂所說的甘州四十屯，是否包括建康軍、大斗軍在內，沒有說明。如果將兩軍都加在內，玄宗時甘州應是五十屯，比之武后時也有增加。

41　羅庸：《陳子昂年譜》，載《國學季刊》第五卷第 2 號，1935 年；後收入《陳子昂集》，第 309-359 頁。

42　《舊唐書》卷九三《婁師德傳》，第 2976 頁。

43　《唐會要》卷七八《節度使》，第 1428 頁。

44　《元和郡縣圖志》卷四〇《隴西道下・涼州》，第 1018 頁。

45　《元和郡縣圖志》卷四〇《隴西道下・涼州》，第 1025 頁。

　　關於河西屯田，除了上述史籍記載以外，敦煌遺書的發現也為我們提供了重要的資料。P.2942《河西巡撫使判集》中即曾提到過有關屯田的事情。如這件文書的第一〇一行說：

建康軍請肅州多樂屯。

第一三七行：

瓜州屯田請取未處均充諸欠。

《唐六典》說到肅州有七屯，這多樂屯是否即七屯中的一屯，不得而知。但文書說到瓜州有屯田，卻是《唐六典》所未見的。

　　《唐六典》只說到涼、甘、肅三州屯田，沒有涉及敦煌。敦煌是否有屯田呢？我以為肯定是有的。《東城父老傳》中曾說到，開元遺老賈昌回憶當年盛世時說過：

河州敦煌道，歲屯田，實邊食，餘粟轉輸靈州，漕下黃河，入太原倉，備關中凶年。關中粟麥藏於百姓。[46]

賈昌所說雖然地域不太清楚，但他提到了敦煌有屯田。上引《河西節度使判集》中有這樣的記載：

161.子亭申□作田苗秋收，稱蟲損不成欠未。

162.蟲霜旱澇，蓋不由人，類會較量，過應在己。勒令陪備，又訴

46　李昉等：《太平廣記》卷四八五，中華書局 1961 年版，第 10 冊，第 3994 頁。

163.貧窮，不依鄉原，豈可無罪。

據有人考證，一六一行漏缺一「屯」字，「耒」字應作「定課」解釋。[47]
這幾行是對子亭申報屯田收成不好的批示。子亭，應是地名，即唐代
敦煌南面的子亭鎮。這一地名在西涼時即有。《晉書·涼武昭王李玄盛
傳》中說：「築城於敦煌南子亭，以威南虜。」在敦煌發現的遺書中，
如《敦煌名族志》、《沙州都督府圖經》、《壽昌縣地境》，都說到子亭
在敦煌南面。「子亭申屯作田苗秋收」，說明唐敦煌境內有屯田是無疑
的。

　　近年以來，對敦煌是否有屯田的問題，有些同仁在論著中也作過
推斷。韓國磐先生根據蓋有「河西支度使印」的《唐定興等戶殘卷》
文書，以為敦煌「有營田或屯田的土地存在」。[48]姜伯勤同仁撰寫的《上
海藏本敦煌所出河西支度營田使文書研究》一文，考定此卷為吐蕃統
治時期遺物。吐蕃占領沙州，仍沿用了「河西支度營田使」之名，一
直到西元七八九年才停。他還認為，這件文書不僅是「反映了河西營
田由鎮戍兵屯田轉為用僦募方式招農民強戶營田這一轉折」，同時也是
「開啟了吐蕃在沙州繼續置營田官而推行營田的局面」。[49]兩位先生的推
斷應是可信的。在吐蕃統治沙州時期，發現的文書中有 P.3774《丑年十
二月僧龍藏牒》，其中說到：

47　安家瑤：《〈唐永泰元年（765）—大曆元年（766）河西巡撫使判集（伯2942）〉研
　　究》，載北京大學中國古代史研究中心編《敦煌吐魯番文獻研究論集》第一輯，中華
　　書局 1982 年版，第 248-249 頁。

48　韓國磐：《根據敦煌和吐魯番發現的文書略談有關唐代田制的幾個問題》，載《歷史
　　研究》1969 年第四期。

49　姜文見北京大學中古史研究中心編《敦煌吐魯番文獻研究論集》第 2 輯，北京大學出
　　版社 1985 年版，第 329-360 頁。

齊周於官種田處，種得㡾。寅、卯、辰三年，每年得㡾三車。

這種官田交民耕種的辦法，是唐代後期隨著土地私有制的發展而在屯田區內逐漸普遍實行的租佃關係。文書中所說齊周「於官種田處」，「每年得廣禾三車」，可能種的就是吐蕃的營田。這種營田，就是繼承唐的營田而來的。

從以上可見，唐王朝在河西走廊的屯田，遍及唐於走廊所設的涼、甘、肅、瓜、沙五州。

丙、河湟地區的屯田

河湟地區，這裡指的是唐王朝的鄯州、廓州、河州、洮州等郡。早在隋代，煬帝於大業五年（609）平定吐谷渾，就在這一地帶大開屯田，用以鞏固邊防。及至隋末大亂，吐谷渾復國，河湟的屯田也一定受到了影響。貞觀九年（635），唐太宗再次平定吐谷渾，為同吐蕃爭奪河湟地區，這裡的屯田在唐前期又再次發展起來。

據《唐六典》所列，河湟地區屯田包括有：

鄯州境內：鄯州六屯、白水軍十屯、安人軍十一屯、綏和守捉三屯、威戎軍一屯、河源軍二十八屯、臨洮軍三十屯，共為八十九屯。

廓州境內：廓州四屯、積石軍十二屯，共為十六屯。

河州境內：僅有莫門軍六屯。

以上共有一二五屯，占隴右道一七二屯的三分之二以上。如以全國計算，河湟地區的屯田占全國十分之一以上。從以上亦可看出這一地區屯田規模之大。

河湟地區屯田規模之所以很大，主要原因是這一地區是防止吐蕃向東進擾的前沿而駐有大量軍隊的緣故。吐蕃從唐高宗統治時期開始即逐步蠶食了吐谷渾的故地，不斷進擾唐王朝的邊境。唐王朝為了阻

擋住吐蕃的進攻，調集了大量的軍隊在這裡駐防。據《資治通鑑》卷二一五「玄宗天寶元年（742）」條記載：

> 隴右節度備御吐蕃，統臨洮、河源、白水、安人、振武、威戎、漠門、寧塞、積石、鎮西十軍，綏和、合川、平夷三守捉，屯鄯、廓、洮、河之境，治鄯州，兵七萬五千人。

在開元後期，全國有十節度使，隴右節度使所統的軍隊，僅次於范陽節度使，位居第二。駐有這麼多的軍隊，為解決軍糧，減輕運輸的壓力，在兩漢以來原有基礎上擴大屯田的規模，這也就是必然的事情了。

河湟地區的屯田，文獻資料記載最早的是高宗時期的婁師德和黑齒常之。《資治通鑑》卷二〇二「高宗儀鳳三年（678）九月」條載：

> 師德遷殿中侍御史、充河源軍司馬，兼知營田事。

接著，黑齒常之於高宗永隆元年（680）七月，由河源軍副使升為河源軍大使，於是在河源大開屯田。《新唐書·吐蕃傳》說：

> 常之為河源軍經略大使。乃嚴烽邏，開屯田，虜謀稍折。

《舊唐書·黑齒常之傳》說：

> 常之以河源軍正當賊沖，欲加兵鎮守，恐有運轉之費，遂遠置烽戍七十餘所，度開營田五千餘頃，歲收百餘萬石。

很顯然，黑齒常之於河源屯田是為了防止吐蕃進擾，解決駐軍糧食的。到了武后執政，這裡形勢仍是非常緊張。她曾以宰相婁師德為「河源、積石、懷遠等軍及河、蘭、鄯、廓等州檢校營田大使」[50]。到了玄宗開元年間，張説《河州刺史冉府君神道碑》説：「河州軍鎮要沖，屯田最多。」[51]《唐六典》所説的河湟地區一二五屯，這應該是在高宗、武后兩朝屯田的基礎上發展起來的。

關於開元以後河湟屯田的情況，《舊唐書·哥舒翰傳》曾有這樣的記載：

天寶六載，擢授右武衛員外將軍，充隴右節度副使、都知關西兵馬使、河源軍使。先是，吐蕃每至麥熟時，即率部眾至積石軍獲取之，共呼為「吐蕃麥莊」，前後無敢拒之者。至是，翰使王難得、楊景暉等潛引兵至積石軍，設伏以待之。吐蕃以五千騎至，翰於城中率驍勇馳擊，殺之略盡，餘或挺走，伏兵邀擊，匹馬不還。

這裡所説的積石軍，按《元和郡縣圖志》卷三九《隴右道上》「廓州」條載：

積石軍，在州西南一百五十里。儀鳳二年（677）置。西臨大澗，北枕黃河，即隋澆河郡所理。

廓州當時僅有化城、達化、米川三縣，全州僅有戶三九六四。積石軍

50　《舊唐書》卷九三《婁師德傳》，第 2976 頁。
51　董誥等：《全唐文》卷二二八，中華書局 1983 年版，第三冊，第 2310 頁。

所在地並沒有縣治，但有軍七千人，屯田十二屯。[52]吐蕃所掠的麥田，不大可能是當地居民的麥田，應是積石軍屯田無疑。哥舒翰是玄宗時的名將，也因這次立功，代王忠嗣為「隴右節度、支度、營田副大使，知節度事」。及至天寶八年（749），哥舒翰攻取石堡城，《新唐書・哥舒翰傳》說：

遂以赤嶺為西塞，開屯田，備軍實。

比之於開元年間又有了擴展。

及安史之亂起，隴右唐軍東調，河湟陷蕃，這裡的屯田也就完全歸吐蕃所有了。

丁、豐勝和靈鹽、涇原的屯田

唐王朝前期，為防止突厥南下，玄宗時於靈州設朔方節度使，統經略、豐安、定遠三軍，三受降城、安北、單于二都護府，屯靈、夏、豐三州之境。靈州、豐州、勝州及三受降城是防禦突厥的最前線。在這一帶駐有大量的軍隊，於是也就在這裡屯田。按《資治通鑑》記載，開元中這些地方有軍六萬四千七百人。隋時這裡因屬河套地區，就已屯田。《元和郡縣圖志》卷四《關內道四》「勝州榆林縣」條下記：

平河水，首受黃河，隋文帝開之以通屯倉。

這屯倉，應即是屯田倉。到了唐代，《舊唐書・婁師德傳》說到武后天

52　《資治通鑑》卷二一五，玄宗天寶六載（747）條，第6878頁。

授初，以婁師德為：

> 左金吾將軍、兼檢校豐州都督，仍依舊知營田事。

這「仍依舊知營田事」，說明在此之前早已在這裡屯田了。以都督知營田，應該是軍隊耕種的。開元十四年七月，《唐會要》卷七八「節度使」條載：

> 除王晙帶關內支度、屯田等使。

這就是《唐六典》所說的，在北邊這條防線上，有單于、東城、西城、中城、勝州等一三六屯，大多屬於軍事系統，由節度使管理經營。安史之亂以後，吐蕃、回鶻、党項內逼，豐州一帶屯田一度荒廢。《舊唐書·回紇傳》說，代宗剛即位，派中使劉清潭與回紇修好，可是，回紇為史朝義所誘，早就引兵南下：

> 然回紇業已發至三城北，見荒城無戍卒，州縣盡為空壘，有輕唐色，乃遣使北收單于兵馬倉糧，又大辱清潭。

由此可見，這裡屯田此後多有荒廢。也因此之故，至德宗年間，楊炎又曾建議擴大豐州屯田了：

> 宰相楊炎請屯田豐州，發關輔民鑿陵陽渠。〔嚴〕郢習朔邊病利，即奏：「舊屯肥饒地，今十不墾一，水田甚廣，力不及而廢，若發二京關輔民浚豐渠營田，擾而無利。」

嚴郢又言：「五城舊屯地至廣，請以鑿渠糧俾諸城，夏貸冬輸，取渠工布帛給田者，令據直轉穀，則關輔免調發，而諸城闢田。」炎不許，渠卒不成，棄之。[53]

豐州屯田，德宗時期，李景略為豐州刺史時，曾「鑿咸應、永清二渠，漑田數百頃，公私利焉」[54]。但總的來說，在安史之亂後，由於人力不足，經營不善，逐漸縮小了。這也可能與兩稅法實行以後，土地私有制加速發展，軍事屯田也逐漸向租佃方面轉化有關。

靈鹽、涇原地區，唐前期這裡是抵禦突厥的第二道防線。按《唐六典》所列屯田，這裡有牧監、會州、原州、鹽池、夏州等二十二屯和定遠軍的四十屯，豐安軍的二十七屯，共為八十九屯。定遠、豐安兩軍都在靈州境內。據李吉甫的《元和郡縣圖志》卷四記載，靈州自漢魏以來就修有許多渠道，如漢渠、胡渠、御史渠、百家渠等八渠。北魏在此置弘靜鎮，並且「徙關中漢人以充屯」，可見規模本來就比較大。該書「靈州」條下還說，賀蘭山之東，黃河之西，「有平地數千頃，可引水灌漑，如盡收地利，足以贍給軍儲也」。說明這裡屯田還大有發展的餘地。安史之亂後，《新唐書‧吐蕃傳》記載：

〔大曆〕十三年（778），虜大酋馬重英以四萬騎寇靈州，塞漢、御史、尚書三渠以擾屯田，為朔方留後常謙光所逐，重英殘鹽、慶而去。

又，德宗貞元八年（792）吐蕃出兵：

53　《新唐書》卷一四五《嚴郢傳》，第 4728、4729 頁。

54　《舊唐書》卷一五二《李景略傳》，第 4074 頁。

寇靈州，陷水口，塞營田渠。發河東、振武兵，合神策軍擊之，虜引還。又寇涇州，掠田軍千人。

正因為靈州地當河套，土地肥沃，是中原歷代王朝屯田的最好基地，所以，吐蕃在占有西部地區以後，不斷派兵破壞渠道，用以削弱唐王朝的邊防力量。

鹽州、會州、原州、涇州一帶，安史之亂前並不算是邊州。這裡置屯，應與牧監有關。鹽州設屯，《唐六典》已明確標出是牧監。原州也應與牧監有關。李吉甫說：

貞觀中自京師東赤岸澤移馬牧於秦、渭二州之北，會州之南，蘭州狄道縣之西，置牧監以掌其事。仍以原州刺史為都監牧使。

監使地，東西約六百里，南北約四百里。[55]

原州是都牧監之所在地，故在這裡亦設置屯田。這些都是與軍事有關的。

《唐六典》所載關內道的屯田，指的是開元時期的狀況。安史之亂後，靈鹽、涇原屯田的記載就比較多了。靈州，憲宗元和中，李聽為靈鹽節度使，史稱：

境內有光祿渠，廢塞歲久，欲起屯田，以代轉輸，聽復開決舊渠，溉田千餘頃，至今賴之。[56]

55　《元和郡縣圖志》卷三《關內道三》，第 59 頁。

56　《舊唐書》卷一三三《李晟傳附子李聽傳》，第 3683 頁。

敬宗長慶年間，有記載説：

靈武節度使奏於特進渠新置營田六百頃。[57]

文宗時，王起為戶部尚書判度支，他上奏：

於靈武、邠寧起營田。[58]

至於涇原一帶，早在代宗時，段秀實為涇原節度使下的營田官，當時曾有這樣一件事：

初，秀實為營田官，涇大將焦令諶取人田自占，給與農，約熟歸其半。是歲大旱，農告無入，令諶曰：「我知人，不知旱也。」責之急，農無以償，往訴秀實。秀實署牒免之，因使人遜諭令諶。令諶怒，召農責曰：「我畏秀實邪！」以牒置背上，大杖擊二十，輿致庭中。秀實泣曰：「乃我困汝。」即自裂裳裹瘡注藥，賣己馬以代償。[59]

涇原節度使，按《新唐書・方鎮表》為代宗大曆三年（768）所置。可見從設置之時即有營田官。將領奪人田而交農耕種，耕者因旱而又訴之於營田官。這種田疑其本來就是官田。將領的職田或俸祿不足，故驕悍者奪而交他人耕種，營田官亦只好不聞不問。旱而無收又告營田官，因為只有營田官才能管理官田的收成好壞。至於強令交納一半收

57　《冊府元龜》卷五三《邦計部・屯田》，第 6037 頁。

58　《舊唐書》卷一六四《王播傳附弟王起傳》，第 4278-4279 頁。

59　《新唐書》卷一五三《段秀實傳》，第 4849-4850 頁。

成的租佃關係，這是唐後期隨著私有制的發展而出現的。

　　繼代宗之後，到德宗貞元初年，劉昌曾為涇州刺史、充四鎮、北庭行營、兼涇原節度、支度、營田等使，《舊唐書‧劉昌傳》說：

　　昌躬率士眾，力耕三年，軍食豐羨，名聞闕下。

這裡的所謂「力耕」，也應是耕種屯田。貞元四年（788），李元諒為隴右節度、支度、營田、觀察、臨洮軍使，移鎮良原（涇州良原縣，今甘肅靈臺縣梁原鄉一帶），史稱：

　　良源古城多摧圮，隴東要地，虜入寇，常牧馬休兵於此。元諒遠烽堠，培城補堞，身率軍士，與同勞逸，芟林薙草，斬荊榛，俟乾，盡焚之，方數十里，皆為美田。勸軍士樹藝，歲收粟菽數十萬斛，生殖之業，陶冶必備。[60]

李元諒所開墾之田，如以一畝一石計，則有數十萬畝。德宗以後，至穆宗長慶初年，楊元卿為涇州刺史、涇原渭節度觀察等使、兼充四鎮、北庭行軍，《舊唐書‧楊元卿傳》說：

　　元卿乃奏置屯田五千頃，每屯築牆高數仞，鍵閉牢密，卒然寇至，盡可保守，加檢校工部尚書。營田成，復加使號。

一直到宣宗時，涇原屯田仍有發展。裴度子裴識為涇原節帥，他也在

60　《舊唐書》卷一四四《李元諒傳》，第 3918 頁。

這裡「整戎器，開屯田」[61]，取得了顯著的效果。

值得注意的是，《唐六典》在敘述關內屯田時，沒有述及邠、寧兩州。按《元和郡縣圖志》卷三《關內道三》「邠州永壽縣」條下記：

> 醴泉苑，在縣東北十里，並宮，並周所立，後廢。貞觀四年（630），置醴泉監，兼置屯五所，隸司農寺。

唐太宗時，邠州即有隸司農寺的五屯。安史之亂後，《舊唐書·高崇文傳》說到，貞元十四年（798），崇文為長武城使，「積粟練兵，軍聲大振」。長武城在邠、寧兩州之交界處，所謂「積粟」，應指屯田耕作。到了文宗時期，上面曾引過，王起於邠寧起營田。至宣宗大中年間，畢諴為邠寧節度，他以為「邊境御戎，以兵多積穀為上策」，於是：

> 召募軍士，開置屯田，歲收穀三十萬石，省度支錢數百萬。[62]

安史之亂以後，唐在涇原、邠寧大開屯田，應是與吐蕃勢力發展有關的。前面曾經說到，安史亂起，吐蕃乘機占有隴右、河西十幾州之地。代宗時，還曾一度攻入長安。此後，吐蕃雖被迫退出長安，但涇原、邠寧等州，已成了唐蕃爭鬥的地區了。如代宗大曆時，為防備吐蕃，郭子儀屯邠州，李抱玉屯高壁，馬璘屯原州，李忠臣屯涇州。又如德宗時期，貞元二年（786），「吐蕃寇涇、隴、邠、寧數道，掠人畜，取禾稼，西境騷然」。貞元三年（787）九月，破連雲堡，「驅掠連

61　《新唐書》卷一七三《裴度傳附子裴識傳》，第3219頁。

62　《舊唐書》卷一七七《畢諴傳》，第4609頁。

雲堡之眾及邠、涇編戶逃竄山谷者，並牛畜萬計，悉其眾送至彈箏峽。自是涇、隴、邠等賊之所至，俘掠殆盡」[63]。一直到宣宗大中年間，吐蕃宰相尚恐熱以秦、原、安樂三州及石門、木硤等七關降唐，西邊防線才減輕了壓力。而在肅宗、代宗至宣宗的近一百年間，涇原、邠寧都駐有大量的軍隊以防吐蕃，為解決軍糧，於是大開屯田。

以上概略地敘述了唐代西北地區屯田的狀況。當然，除了上述四個規模較大的地區之外，在《唐六典》及一些史籍中還有涉及其他地區的屯田，如《唐六典》說到關內屯田有長春十一屯，當指的是長春宮使，《唐會要》卷五九「長春宮使」條說道：

開元八年（720）六月，同州刺史姜師度，兼營田長春宮使。
二十九年（741）十一月十七日敕，新豐、朝邑屯田，令長春宮使檢校。

這說明在京師附近也有屯田的。再如岐州，《唐六典》未曾涉及，但《舊唐書‧朱忠亮傳》說到，代宗大曆年間，「詔鎮普潤縣，掌屯田」。普潤縣屬岐州，肅宗改岐州為鳳翔府。《元和郡縣圖志》卷二《關內道二》在「鳳翔府普潤縣」下記載：

普潤縣，隋大業元年（605），於此置馬牧，又置普潤屯，後廢屯置縣。

這普潤縣屯田，應從隋以來即有。總之，唐代在西北地區的屯田，幾

63　《舊唐書》卷一九六下《吐蕃傳》，第 5249、5256 頁。

乎是遍及西北各州，只不過是在沿邊地區規模較大，內地規模較小而已。

三、隋唐屯田的管理及經營

（一）

在西北邊州實行屯田，這是自兩漢以來中原政權的一貫政策。漢武帝於邊郡屯田，郡設農都尉、屯田校尉，中央則大司農統之。《通典》卷二三《職官典五》「工部尚書」條記載有屯田郎中一人，下註：

漢成帝置尚書郎四人，其一人掌戶口、墾田，蓋尚書屯田郎之始也。

西漢的尚書郎是一種加官，在皇帝身邊主作文書。這種官一般是主管政令，不可能管理具體的事務。屯田的具體事務，還是由大司農管理的。曹魏時，尚書臺下有農部郎，也是只管農事政令的，具體事務仍由大司農主管。大司農下有典農中郎將、典農校尉和典農都尉，這些都是具體「主郡縣屯田」的官吏。曹魏的屯田，與前代屯田有所不同。大司農下屬的典農中郎將和典農都尉等，都自成系統，相當於地方的州縣。也因此之故，到曹奐咸熙元年（264）罷屯田時就下過這樣的詔令：

罷屯田官以均政役，諸典農皆為太守，都尉皆為令長。[64]

這些典農中郎將、典農都尉之下還署有司馬、功曹、綱紀、上計吏、

---

64 《三國志》卷四《魏書·三少帝紀》，第153頁。

稻田守、叢草吏等吏人。至於軍隊，按《三國會要》引《北堂書鈔》、《太平御覽》所述，軍中設有度支中郎將、度支校尉、度支都尉等官，這些官是：

> 魏黃初中置，掌諸軍屯田。[65]

曹魏有民屯、官屯之分，典農與度支兩職，大概就是這兩個系統在職官上的區別。

及至西晉，上引《通典》卷二三《職官典五》說：

> 至晉始有屯田尚書。及太康中，謂之田曹，後復為屯田。江左及宋齊，則左民郎中兼知屯田事，梁陳則曰侍郎，後魏、北齊並為屯田郎。

從上可見，屯田分由尚書郎官和大司農兩官管理的制度，是從兩漢就開始了的。而以屯田作官名，則開始於西晉，由此以後，歷代繼承了這種分管的制度，也繼承了這一官名。

隋代，尚書省工部尚書下設屯田侍郎兩人主屯田政令。各地屯田，分由司農寺及州縣管理。《隋書・百官志》說：

> 緣邊交市監及諸屯監、每監置監、副監各一人。畿內者隸司農，自外隸諸州焉。

65　錢儀吉：《三國會要》卷二五《職官四・大司農・度支中郎將》，上海古籍出版社1991年版，第 509 頁。

即京畿的屯屬司農，而其他各地的屯則屬州縣。這種制度，唐代仍然是照樣實行的。唐尚書省工部尚書下仍設有屯田郎中和屯田員外郎。《舊唐書·職官志》說：

> 屯田郎中一員，從五品上，龍朔為司田大夫也。員外郎一員，從六品上。……郎中、員外郎之職，掌天下屯田之政令。凡邊防鎮守，轉遠不給，則設屯田，以益軍儲。其水陸腴瘠，播種地宜，功庸煩省，收率等級，咸取決焉。諸屯田役力，各有程數。凡天下諸軍州管屯，總九百九十有二。大者五十頃，小者二十頃。凡當屯之中，地有良薄，歲有豐儉，各定為三等。凡屯皆有屯官、屯副。凡京文武職事官，有職分田。京兆、河南府及京縣官，亦准此。

尚書省工部屯田郎中，仍是管理全國屯田政令的機構。它只是制訂各種規章制度，而不具體管理各地的屯田。具體管理各地屯田的，則是司農寺和地方州鎮。《通典》卷二《屯田》說：

> 大唐開元二十五年令，諸屯隸司農者每三十頃以下、二十頃以上為一屯，隸州鎮諸軍者，每五十頃為一屯，應置者皆從尚書省處分。

又《文獻通考》卷五六《職官考十·司農卿·諸屯監》說：

> 諸屯監，隋置諸屯監及副監，畿內者隸司農，自外者隸諸州。唐因之置監及丞，掌管種屯田，勾當功課、畜產等事。

唐代這些制度，都是繼承隋代而來的。全國屯田分屬兩個部分，

即京城附近的屬司農寺，地方則屬諸州縣。屬於司農寺的，除上有監、丞等官之外，下設有屯主：

> 屯主勸率營農，督斂地課。
>
> 每屯主一人，屯副一人，主簿一人，錄事一人，府二人，史五人。[66]

若屬於諸軍州縣的，則應由司戶參軍管理。《通典》卷三三《職官十五》「總論郡佐」條說：

> 司戶參軍：……大唐掌戶口、籍帳、婚嫁、田宅、雜徭、道路之事。

又載：

> 景龍三年，諸州加置司田，開元中省。乾元之後，又分司戶置參軍一員，位在司戶下。諸府則曰田曹，開元中省。乾元之後，又分司戶置焉。

戶口、田宅為司戶參軍所管，州縣屯田，則亦屬之。中宗以後曾設有司田參軍，此職專管田宅，係從司戶參軍中分出來的。[67]在《舊唐書．

66　《新唐書》卷四八《百官志》，第 1263 頁。

67　《唐會要》卷六九《判司》條：「景雲三年八月二日敕，諸州置司田參軍一員，唐隆元年（710）七月十九日廢。上元二年（761）九月二十一日又置，並置田正三人」，第 1216 頁。此條「景雲」應是「景龍」之誤。景雲在唐隆之後，不存在唐隆廢景雲年間詔敕之說。

職官志》中，州縣的官吏，司戶參軍之下都有「司田參軍事一人」，應是根據肅宗乾元之後的制度列入的。《唐會要》說到司田參軍下還有「田正三人」，則顯然是司田參軍的屬吏。州縣的屯田，也設有屯主、屯副，具體管理屯田的事務。

對於邊地的州縣，唐代前期設有營田使。《新唐書‧百官志》說：

邊州別置經略使，沃衍有屯田之州，則置營田使。

經略使之名，《文獻通考》以為起自貞觀二年：

唐貞觀二年，邊州別置經略使，此蓋使名之起。[68]

而營田使起自何時，史籍並未明指。是否貞觀年間與經略使一起設置，不太清楚。但至遲在高宗、武后時即已見諸史書。前邊曾引到，婁師德在高宗時即曾以「河源軍司馬、兼知營田事」。武后天授中，又曾以「左金吾將軍、兼檢校豐州都督、依舊知營田事」。長壽二年（693）以宰相之重為「河源、積石、懷遠等軍及河、蘭、鄯、廓等州檢校營田大使」。到武后神功元年（697），以納言「充隴右諸軍大使，仍檢校河西營田事」。婁師德初以河源軍司馬知營田，說明當時軍使、節度使並未兼營田使，如《新唐書》所指，營田使是別置的。但是，邊鎮設軍、屯田，都與軍事緊密相關，為有利於統一部署，故軍使、都督逐漸兼知營田了。到睿宗以後，出現了節度使，於是由節度使兼為營田使。節度使兼營田使最早的是《新唐書‧方鎮表》所指的

68　《文獻通考》卷六二《經略使》，第 561 頁。

景雲元年（710）：

> 置河西諸軍州節度、支使、營田、督察九姓部落、赤水軍兵馬大使。

從開元之後，節度使兼領營田使遂成定額。馬端臨說：

> 蓋唐制一道兵政屬之節度使，民事屬之觀察使，然節度多兼觀察。又各道雖有度支、營田、招討、經略等使，然亦多以節度使兼之。蓋使名雖多，而主其事者每道一人而已。[69]

及至安史之亂後，唐憲宗在與藩鎮的鬥爭中取得了一連串的勝利，於是在元和十三年（818）下詔別置營田使：

> 事關軍旅，並屬節制，務係州縣，悉歸廉察，二使所領，孰非管轄。諸道度支營田，承前個別置使。自艱虞以後，名制因循。方鎮除授之時，或有兼帶此職，遂令綱目，所在各殊。今者務修舊章，思一法度，去煩就理，眾心為宜。唯別敕置營田處置使，且令仍舊。其忠武、鳳翔、武寧、魏博、山南、山東、橫海、邠寧、義成、河陽等道支度營田使，及淮南支度，近已停省，其餘諸道，並准此處分。[70]

對於這件事，《唐會要》作者曾有評論，以為景雲、開元間，節度、支

69　《文獻通考》卷六一《職官十五·採訪處置使》，第 555 頁。

70　宋敏求：《唐大詔令集》卷一〇一《停諸道支度營田使敕》，商務印書館 1969 年版，第 515 頁。

度、營田等使是並置的，一人兼管者少。而安史之亂後，優寵節將，節度、支度、營田、觀察等使歸於一人成為慣例，朝廷無可奈何，而至憲宗元和年間，由於「群盜漸息，宰臣等奏罷之」[71]。這是分藩鎮之權，以便加強中央統治力量的一種措施。但從西北地區來看，安史之亂後，河西、隴右陷蕃，而涇原、靈鹽、邠寧等地屯田，憲宗以後仍由楊元卿、裴識、畢瑊等節帥所經管，這大概是由於邊地軍防的需要。

　　唐代屯田管理系統，大致如上所說，即分司農寺及地方州鎮諸軍兩個系統。不過這裡要說明的，邊地州鎮諸軍的屯田，因帶有軍事性質，故兵部亦參與管理。《新唐書·食貨志三》在述及屯田時說道：

　　歲以仲春籍來歲頃畝、州府軍鎮之遠近，上兵部，度便宜遣之。

至於唐代屯田的具體管理辦法，《通典》卷二《食貨典》「屯田」記載：

　　其屯官取勳官五品以上及武散官並前資邊州縣府鎮戍八品以上文武官內，簡堪者充。據所收斛斗等級為功優。諸屯田應用牛之處，山原川澤，土有硬軟。至於耕墾用力不同，土軟處每一頃五十畝配牛一頭，強硬處一頃二十畝配牛一頭。即當屯之內，有硬有軟，亦準此法。其稻田每八十畝配牛一頭。諸營田若五十頃外，更有地剩，配丁牛者，所收斛斗，皆準頃畝折除，其大麥、蕎麥、乾蘿蔔等准粟計折斛斗，以定等級。

《通典》所說的一是屯官的人選：是取勳官五品以上、武散官，以及曾

71　《唐會要》卷七八《節度使》，第1434頁。

在邊州鎮戍當過八品以上的文武官內選派。二是屯田配牛按土質軟硬區別。三是說一屯五十頃外的土地配牛辦法同屯田的土地一樣。四是說屯田所交大麥等按粟折計勘斗。但這裡並未說到屯田收穫的獎懲辦法。《通典》卷一〇《食貨典》「鹽鐵」條記載：

> 又屯田格：「幽州鹽屯，每屯配丁五十人，一年收率滿二千八百石以上，準營田第二等；二千四百石以上，準第三等；二千石以上，準第四等。大同、橫野軍鹽屯，配兵五十人，每屯一年收率千五百石以上，準第二等；千二百石以上，準第三等；九百石以上，準第四等。」

這裡說的是鹽屯的人數、產量標準、獎懲辦法。不論何種地區，鹽屯每屯五十人是額定的，產量則因不同地區有不同的定額。幽州鹽屯比之於大同、橫野的鹽屯產量指標要高得多。達到不同的指標，分記不同等級的功勛。這種辦法這裡是指鹽屯，而《通典》在敘述此條時說的是「屯田格」，看來，屯田亦應如此。前面曾引到的《唐開元中北庭都護府流外官名簿》中，有「營田第一等賞緋魚袋」的記錄，應是在營田中獲得功勛的獎勵。可惜有關這些具體的辦法，今已不得其詳了。

（二）

在涉及唐代屯田的管理時，必然也就牽連到一些同仁在過去討論過的問題：唐代的「營田」和「屯田」有沒有區別？營田是不是屯田？對這一問題，學界大致有兩種看法：一種看法認為屯田與營田沒有區別，營田就是屯田；一種看法認為屯田與營田在唐初是沒有區別的，只是到了中唐之後，兩者在管理體制上、經營方式上，以及生產者的身分上有了差異。對這一問題，我也想談一點自己的看法。

關於營田之名，《資治通鑑》卷二四八「宣宗大中三年（849）八

月」條注引宋白雲：

> 營田之名，蓋緣邊多隙地，蕃兵鎮戍，課其播植，以助軍須，謂
> 之屯田。其後中原兵興，民戶減耗，野多閒田，而治財賦者如沿邊例
> 開置，名曰營田。行之歲久，不以兵，乃招致農民強戶，謂之營田
> 戶。復有主務敗闕犯法之家，沒納田宅，亦繫於此。自此諸道皆有營
> 田務。

營田務確係中唐以後所置，但營田之名，並不像《資治通鑑》注所說
的，在安史之亂以後於內地屯田才有的。翻閱史籍可知，唐代初年早
就有營田之名了。而且，還把屯田叫做營田。例如《新唐書·食貨志》
即載：

> 唐開軍府以捍要沖，因隙地置營田，天下屯總九百九十二。

這裡說的營田就是屯田。又如《舊唐書·黑齒常之傳》中所說，他在
河源的屯田是：

> 度開營田五千餘頃，歲收百餘萬石。

顯然，這也指的是屯田。《舊唐書·婁師德傳》也是把營田、屯田混稱
的。婁師德在武后天授初「累授左金吾將軍，兼檢校豐州都督，仍舊
知營田事」。而武后這時下書慰勞說：

> 自卿受委北陲，總司軍任，往還靈、夏，檢校屯田，收率既多，

京坻邊積。

　　這些例子說明，營田之名早已有之。新舊《唐書》的作者大概也因營田之名早已有之，而且都認為唐代的屯田就是營田。所以，一些同仁就以為營田、屯田沒有什麼區別，也不存在《資治通鑑》所說的，前期邊地叫屯田，安史之亂後中原開闢田叫營田了。

　　我以為《資治通鑑》及近年一些同仁所作的有關營田、屯田的論斷還是不夠全面的。

　　首先，從字義上來說，屯、營兩字的含義是有差別的。屯者，戍也、守也，兵耕謂之屯田。營者，治也、耕也，凡營種土地謂之營田。兩者耕種的都是國家所有的土地這一點是完全相同的。但推敲兩字的差別，則顯然有所區別。營田，指的是凡屬國家所有的土地，由各級官吏經營管理的，都可叫營田；屯田之地亦為國家所有，不論是由司農寺還是由州鎮軍主管，也都可以叫營田。但是，屯田，則明確指的是士兵所耕之地。這種土地只是國家所經營土地中的一部分，並不等於全部。國家經營的土地還應包括士兵耕種以外的如職田、驛田、公廨田等其他官田。所以，屯田不等於營田，屯田應是營田中的一部分。

　　其次，我們從唐代有關制度，以及發現的敦煌、吐魯番文書來看，也不如《資治通鑑》注所說的。

　　唐代尚書省中，工部尚書下的屯田郎一職，《舊唐書·職官志》只說到「掌天下屯田之政令」，「凡京文武職事官，有職分田，京兆、河南及京縣官，亦準此。」《新唐書·百官志》則說：「掌天下屯田及京文武職田，諸司公廨田，以品給焉」，比舊《志》多講了公廨田。《六典》大致同舊《志》，只不過在後面加上了「凡軍州邊防鎮守，轉運不

給，則設屯田」，似乎更注重屯田設置的原因。説得比較全面的還是
《通典》的記載。《通典》卷二三《職官典五》記載屯田郎中一人：

掌屯田、官田、諸司公廨、官人職分、賜田及官園宅等事。

屯田郎中所管的土地是很多的，不僅有邊州士兵耕種的屯田，還有分
散在各州縣的官田、公廨田、職分田、官園宅等等。這些分散在州縣
的土地，當時是由地方州縣負責經營管理的，也不是士兵耕種的，而
是由一般百姓種的。根據敦煌發現的文書，這種土地也叫營田。大谷
文書2836號背《周聖曆二年三月敦煌縣檢校營田人等牒》、大谷文書
2834號背《周長安四年前後敦煌縣狀》兩件文書，都涉及了敦煌縣這
種土地經營的事情。現將兩件文書轉錄如下：

周聖曆二年三月敦煌縣檢校營田人等牒

1.平康鄉

2.　司馬地一段十四畝,城北三里宋渠。東渠、西渠、南渠、北張住。

3.　　右件地平康鄉人宋懷道種麥。

4.　　主簿地一段十畝,城北五里西支渠。東道、西渠、南張立、北
張懷操。

5.　　右件地神沙鄉人索懷亮種麥。

6.牒件通當鄉闕職官人地見種麥,具狀如前,自

7.餘者並總見空,無人佃種,今依狀上,謹牒。

8.　　　聖曆二年三月廿日裡正氾素牒

9.　　　　　檢校營田人氾孝才

10.　　　　　檢校營田人張慈員

11. 　　　　　　　檢校營田人左　徹

12. 　　　　　　　檢校營田人雷善仁

13. 　　　　　　　檢校營田人索　復

14. 　　　　　　都檢校前旅帥索　爽

周長安四年前後敦煌縣狀

（前缺）

　　　　　　　　　　　敦煌縣之印

1.逃人郭武生田改配馬行僧、馬行感等營

2.右得索孝義牒，稱前件人等昨配

3.營田並隔越，今請改配者，件配如

4.前，丞判任依便狀貼知營

5.牒件狀如前，狀至準許狀營種，不得

6.失時。二月廿一日　史郭超狀。[72]

前一件說的是闕職官人地分由平康鄉人宋懷道和神沙鄉人索懷亮種麥。現經六位營田檢校人核對審實，申牒上報。後一件說的是逃人郭武生的土地改配給馬行僧、馬行感，理由是以前配給的土地「隔越」，所以索孝義申牒上報。顯然，前一件講的是官吏的職田，後一件講的是逃人的荒田，改配他人耕種。荒田屬官，也同職田一樣，都是官田。從所有制來說，兩件都講的是國家所有的土地。後一件蓋有「敦煌縣之印」，說明是由地方州縣管理和經營的。耕種的人不是士兵，而

72　《中國古代籍帳研究》錄文部分，第336、345頁。

是一般百姓。這兩件文書中有「營田」字樣，前一件載有官府派的「檢校營田人」，後一件把官地配民耕種也叫「營田」，可見在唐初把這種官地的經營都是叫做「營田」的。

基於以上的認識，我以為所謂「營田」，在屯田之外，還應包括地方州縣管理的，由一般百姓耕種的，各種分散的國家土地。簡言之，凡官地耕種都叫「營田」。而屯田，在唐代前期則似乎只指士兵耕種的土地，並不包括其他的官田。檢閱唐史資料，似未曾見過把各州縣分散的官田也叫做「屯田」。

正因為營田管得寬，包括屯田及其他官地，而屯田只管士兵耕種，所以，從唐初開始，在邊州有屯田之處設「營田使」，而不叫「屯田使」。從官名來說，屯田使只能管士兵種的土地，管不了地方官田的經營，營田使就可以既管士兵屯田，也管地方的官田。

我們上面所說《資治通鑑》注說得不全面，指的是注者把屯田、營田硬分成兩個部分，在唐初邊地官田叫屯田，中期後中原官地叫營田。事實上唐初屯田也叫營田，所設管理屯田的官吏也叫營田使。說近年來一些作者說得不全面，指的是他們將五代、北宋時期的有關營田的概念搬到唐代來了。在安史之亂後，由於土地私有制的發展，國家官地多採用租佃的形式，邊地屯田亦是如此。故屯田、營田不分應是安史之亂後的事情，唐代前期兩者是不同的。

（三）

唐代在西北地區既有營田，也有屯田；既有屬於軍鎮的，也有屬於地方州縣的，所以我們在論述唐代西北屯田時，對這兩方面都必須加以注意。

當然，不管是屯田，還是營田，從所有制來說，兩者都是國家土地所有制。不過，即使都是國家土地所有制的土地，卻也由於有地區

的差別、時代先後的不同，其經營方式亦很不一致。

　　唐代前期在西北地區最主要的當然是士兵的屯田。唐在西北開置屯田的目的，正如《舊唐書・職官志》所説的：

　　　　邊防鎮守，轉運不給，則設屯田以益軍儲。

在屯田地區中的勞動力，應都是戍防的士兵。唐代前期實行府兵制度，戍邊士兵，正如褚遂良所説：「去者資裝，自須營辦」，是自帶絹帛，至邊地交納以後再換取糧食。唐初用這種士兵進行屯田生產，就不存在報酬和向國家借糧或租佃等問題。士兵屯田，只是一種變相的兵役。屯田所需種子、耕牛、農具皆由國家供給，屯田收穫也應是全部交給國家。後來，府兵制度逐漸破壞，士兵改為招募，國家發給衣糧。但士兵屯田，其所需物品當然仍由國家供應，而收穫糧食當然也為國家所有。在西域及敦煌發現的文書中，我們即曾見到過屯田區領取種子、農具、耕牛及交納所收穫糧食的各種記載。流入日本的大谷文書 3472〔2〕《唐開元十九年正月至三月西州天山縣到來符帖目》的文書中即有這樣一條：

　　　　營田使牒，為天山屯車牛農具，差人領屯官農具，限牒到日送事。[73]

又前所説 P.2492《河西節度使判集》的文書也有這樣的記載：

73　《中國古代籍帳研究》錄文部分，第359頁。

1.建康無屯牛，取朱光財市充。

2.使司支計，只憑軍資，比年絕無，如何准給，今既府庫虛竭。

3.自合當處圓融。建康懸軍，復無人戶，若令獨辦，又恐闕

4.如，終須量事支持，余欠當軍率稅。肅州朱光身死，承襲

5.都無子孫，資畜已聞官收，且取用充市牛直。

說的是建康屯缺乏耕牛，節度使批示，其他已無人戶，難以獨辦。將肅州絕戶朱光的財產變賣用以購牛。建康軍既無人戶，屯種者必是士兵無疑。上兩件是天山屯、建康屯領取農具耕牛的文書。

另一件大谷 3786《唐開元年代西州屯營田收穀計會》，則說的是屯田上交所收穫的糧食帳目了。

（上略）

天山屯營田五十頃收

三百一 十五石六斗青稞

□□□ 廿一石小麥

□□□ 卅六石粟

八石九斗八 升五合，柳中屯營田卅頃收

一百廿一 一百廿一石三斗二升一合

□□□ 十七石六斗六升四合粟

（後缺）[74]

這裡引的就是天山屯、柳中屯糧食收穫的上交數額。

74　《中國古代籍帳研究》錄文部分，第351頁。

因為這些屯是由士兵耕種的，我們也在文書中見到了州縣派人幫助屯田耕作的例子。有一件《唐開元年代西州諸曹符貼目》中提到：

兵曹符，為差輸丁廿人，助天山屯事。[75]

據《新唐書・食貨志三》記載：

諸屯以地良薄與歲之豐凶為三等，具民田歲獲多少，取中熟為率。有警，則以兵若夫千人助收。

「以兵若夫千人助收」一語，應指的是派人幫助收穫。這件文書所說，正是西州派人幫助天山屯的事情。

以上講的是士兵屯田的情況。

到了中唐以後，由於土地私有制的急遽發展，均田破壞，府兵來源枯竭，代之以邊地招兵戍防。這種戍兵屯田固然也不存在分配上的問題，但這種強制性很強的勞役屯田，卻引起了士兵的不滿，特別是從邊地招募的士兵皆有家屬，在當時土地兼併日益激烈的情況下，安排士兵及其家屬的生活亦成了一個大問題。因此，在原來屯田的土地上，除保留有士兵耕作這種方式以外，也採用了如地方州縣經營官田的辦法，招民佃種，收其租賦。上引《資治通鑑》注中說到的「招致農民強戶謂之營田戶」，就是指的這種形式。《資治通鑑》所說指的是安史之亂後的中原地區，事實上早在安史之亂前，西北地區就已採用了這一形式。大谷文書4915《唐天寶元年七月交河郡納青麥狀》就是

75　《中國古代籍帳研究》錄文部分，第263頁。

反映這種租佃形式的。現錄如下：

　　1.渾孝先納天寶元年屯田地子青麥貳石又

　　2.納呂才藝屯田地子青麥壹碩貳斗又納渾定

　　3.仙貸種子青麥壹碩貳斗又納渾孝先貸種

　　4.天寶元年七月十三日史王虔[76]

與這件性質相同的，還有黃文弼先生所撰的《吐魯番考古記》一書中，附圖版四二是《□山府分配地子殘牒》，其錄文如下：

　　1.山府帖佃地人□□□□□

　　2.去年地子粟肆碩捌□□□□

　　3.右件地子今配入焦□□□□

　　4.便分付其帖留□□□□

　　5.抄了即毀四月□□□□

　　（後缺）

這兩件文書中都提到了「地子」一詞。對這一名詞，近來有同仁專門進行了考證，以為唐代的地子有好幾種，有「配地出子」的屯田上的地租，也有每畝交納二升義倉的「地子」。後來，兩稅實行以後，還有交納兩稅中地稅的「地子」。[77]上錄兩件文書中，前一件明確說的是「屯田地子」，應屬屯田地租無疑。後一件說的是天山府給「佃地人」的殘

76　《中國古代籍帳研究》錄文部分，第446頁。

77　姜伯勤：《一件反映唐初農民抗交「地子」的文書——關於牛定相辭》，載《考古》1978年第三期。

牒。天山府屬軍鎮系統，它的土地交人佃種，應即是屯田招民耕種的營田戶，所交的地子，即是營田戶所交的地租。

這種招民佃種原有屯田土地的租佃形式，不僅西域地區有，河西地區也有。P.2942《河西巡撫使判集》中有如下一組記錄：

1.瓜州屯田請取耒外均充諸欠
2.官物欠剩，各有區分，耒合納正倉，復欠合徵私室，人間
3.大例，天下共同。

上面曾經說到，「耒」應作「定課」解釋，這裡說的向屯田追欠官物，可見土地是租給私室的，官民之間應有一層租佃關係。

在這種招民營田的形式中，當然也有支給糧食、付給工錢、提供種子、耕牛、農具，然後將收穫全部交給國家的；也有先提供糧食、種子，並根據用牛情況租佃給農民，然後收其租穀的。前一種形式，如德宗時嚴郢為京兆尹，他在論及京兆屯田情況時說：

秦地膏腴，田稱第一，其內園丁皆京兆人，於當處營田，月一替，其易可見。然每人月給錢八千，糧食在外，內園使尤儌募不占，奏令府司集事，計一丁歲當錢九十六千，米七斛二斗，計所儌丁三百，每歲合給錢二萬八千八百貫，米二千一百六十斛，不知歲終收穫幾何。[78]

這是一種儌募代耕的辦法。這種辦法大概只能實行於人多地少的京兆

78　《冊府元龜》卷五〇三《邦計部・屯田》，第6037頁。

地區，人少地多的邊區是否實行過此種辦法，不見記載。嚴郢的這番議論是針對楊炎想在豐州屯田「發關輔人開陵陽渠」而提出的。招募關輔人去開渠是採用這種支糧、付錢的辦法，而邊地屯田是否也實行這種辦法，那就難以斷定了。

　　後一種情況，西域也是照樣流行的。前面曾經引到過的上海藏本蓋有「河西支度營田使」印的文書，就是吐蕃政權支付給經營田戶的給糧文書。一般論者都認為在此之前，給糧佃種的方式早已存在。

　　中唐以後，招民屯田是非常流行的。那麼，這種方式的剝削量是多少呢？史籍沒有明確的記載。然而，《唐會要》曾記載了唐代前期地方州縣官地及職田的剝削量，可供我們參考與對照。《唐會要》卷九二「內外官職田」條說：

　　〔開元〕十九年四月敕，天下諸州縣，並府鎮戍官等職田頃畝籍帳，仍依允租價對定，無過六斗，地不毛者，畝給二斗。

又，元稹在《同州奏均田》中也說到，長慶中（821-824），同州職田畝交粟三斗，草三束。[79]我們估計，邊地屯田所交租額，亦不應高於此數。如果有借用口糧、種子、耕牛的，還應當扣除這部分的糧食。《通典》卷二《食貨典・屯田》曾記載了屯田、營田用牛的制度：

　　諸屯田應用牛之處，山原川澤，土有硬軟。至於耕墾用力不同，土軟處每一頃五十畝配牛一頭，強硬處一頃二十畝配牛一頭。即當屯之內，有硬有軟，亦準此法。其稻田每八十畝配牛一頭。諸營田若五

79　元稹：《元氏長慶集》，文學古籍刊行社 1956 年版，第 527 頁。

十頃外，更有地剩，配丁牛者，所收觔斗，皆準頃畝折除，其大麥、蕎麥、乾蘿蔔等準粟計折觔斗，以定等級。

前一段所說的屯田，當然是用士兵耕種，按土質軟硬，配給耕牛，這種形式不存在報酬及分成的問題。而後一段說到營田耕牛的配給制度，「諸營田若五十頃外，又有剩地」一句，指的是「州鎮諸軍每屯五十頃」以外開墾的土地。這些土地用牛亦同屯田一樣。但在說到報酬時，則計畝收取，並可用大麥等折粟計算。杜佑將屯田土地同屯外土地分開敘述，可能指的這部分已不是由士兵耕種，而是用力役或招民耕種等方式經營的土地。

　　以上可見，在研究招民佃種的剝削量時，我們不僅要注意地區、土質的不同，也要考慮是否借用官府耕牛、種子的問題。再一點，還必須了解唐代官田的畝產量，才能知道二至六斗所占生產量的百分比。

　　關於唐代官田產量，記載比較紛紜，從文獻資料記載來看，《通典》卷二《食貨典・屯田》記載天寶八年：

天下屯收百九十一萬三千九百六十石。

天寶八年有多少屯史無記載。我們若按開元時天下九九二屯來計，京師每屯三十頃，州縣每屯五十頃，平均按每屯四十頃算，大約應有四百萬畝土地。四百萬畝產量不到二百萬石，則平均畝產為五斗。又上引《舊唐書・黑齒常之傳》說到，他在河源軍：

開營田五千餘頃，歲收百餘萬石。

則平均畝產為二石。前引陳子昂路過甘州後寫的《上西番邊州安危事三條》中說到，四十餘屯，所收常不減二十萬。四十餘屯應為二十多萬畝，收二十萬石，則畝產為一石。《新唐書·食貨志三》載，憲宗元和年間（805-819），以韓重華為振武軍營田使：

> 墾田三千八百餘頃，歲收粟二十萬石。

三千八百餘頃應為三十八萬餘畝，產二十萬石，則平均畝產不到一石。

又穆宗長慶中（821-824），崔弘禮為河陽節度使：

> 上言請於秦渠下辟荒田三百頃，歲收粟二萬斛。[80]

按此平均畝產量亦不到一石。開元年間，裴耀卿曾說：

> 營公田一頃，……旱收一年，不減一百石。[81]

則每畝產量為一石。

　　總之，從文獻來看，官田每畝產量在一至二石之間，以平均計算，畝產為一石，或者不到一些。如以此數為準，上引職田地租最高不得超過六斗，最低為二斗（這當然是按土地質量分等而論的），那麼，其剝削量應為百分之五十以上了。如果加上耕地、種子的扣除，則可達到百分之七十至百分之八十了。

80　《舊唐書》卷一六三《崔弘禮傳》，第4265頁。

81　《唐會要》卷八五《逃戶》，第1563頁。

關於剝削量的問題，我們亦可參考在吐魯番發現的文書。

大谷文書 1305《周年次未詳西州柳中縣官田租穀簿》[82]記載，官田分交豆、交粟兩種土地，交豆最高一段三畝，佃人曹悅隆，「畝別三斗七升五合」，其他的都是畝別「二斗五升」。交粟土地未按畝計算，而是合計數，最低一段十畝，佃人僧恭慈，「計粟二石五斗」，平均每畝二斗五升。最高一段，是四畝四十步，佃人宋（缺名），「計粟二石九斗」，平均每畝七斗。其他交粟的土地平均每畝約在五斗左右。這也同上引職田所交的地租差不多。這說明當時官地上的剝削量大約在百分之五十左右。

唐代在西北的屯田，除用租佃方式之外，可能也與中原地區一樣，曾用過以庸代耕、徵取力役地租的辦法。玄宗開元十年（722）李元紘在《奏廢職田議》中說道：

　　時初廢京師職田，議者請於關輔置屯，以實倉廩。元紘建議曰：「……今百官所退職田，散在諸縣，不可聚也；百姓所有私田，皆力自耕墾，不可取也。若置屯田，即須公私相換，徵發丁夫，徵役則業廢於家，免庸賦闕於國。內地置屯，古所未有，得不補失，或恐未可。」其議遂止。[83]

又，《新唐書·食貨志三》說：

　　憲宗末，天下營田皆雇民或借庸以耕，又以瘠地易上地，民間苦

82　《中國古代籍帳研究》錄文部分，第 340 頁。
83　《舊唐書》卷九八《李元紘傳》，第 3074 頁。

之。穆宗即位，詔還所易地，而耕以官兵。耕官地者，給三分之一以
終身。

　　這裡所說的「徵役則業廢於家，免庸則賦闕於國」，以及「雇民或
借庸以耕」的「借庸」，應指的是力役地租。「耕官地者，給三分之一
以終身」，其剝削量是三分之二，即在百分之六十至百分之七十之間。
上面曾引用到的《周長安四年前後敦煌縣狀》，其中馬行僧、馬行感所
配營田隔越，請再行改配，可能就是官府以免庸的形式強行配給農民
耕種的。

　　在唐代西北的屯田、營田中，還有一種應該提及的是發配犯人去
進行屯田。這種辦法自漢武帝時即開始實行，隋唐兩代也繼承了這一
辦法。隋曾把犯人送至吐谷渾故地「大開屯田」。唐到玄宗時，也曾
「許徒以下囚保任營農」。[84]憲宗時，韓重華為振武軍節度使，在代北墾
田三百項：

　　出贓罪吏九百餘人，給以耒耜、耕牛，假種糧，使償所負粟，二
歲大熟。[85]

後來，武宗還下過這樣的詔令：

　　靈武、天德三城，封部之內，皆有良田，緣無居人，久絕耕種，
自今已後，天下囚徒，合處死刑，憤非巨蠹者，特許生全，並家口配

84　《新唐書》卷五《玄宗紀》，第 133 頁。
85　《新唐書》卷五三《食貨志三》，第 1373 頁。

流此三道，仍令本軍鎮，各收管安存，兼接借農具，務使耕殖。[86]

宣宗大中三年（849），亦有將「流役囚徒」押送至原州、秦州及六盤
關等屯墾的詔令。[87]贓吏發配屯墾，是用力役地租來抵償贓款。至於罪
犯帶家口至邊地開墾，其剝削量是多少，史無記載。估計比民戶要高。

　　唐代在西北屯田的情況，大致如上。

　　從上述我們可以得到這樣的印象：在唐代前期，西北各州縣雖有
零星的官田，也叫做營田，是免庸抑配，或者是租佃給百姓耕種的，
但這種方式並不占主要地位，主要的是利用戍兵進行耕墾的屯田。唐
代西北屯田的規模是比較大的，在開元時期竟占全國屯田一半以上。
到中唐以後，土地私有制日益發展，土地兼併極為激烈。均田制破
壞，府兵制也為募兵制所代替，這樣，原來具有非常濃厚的軍事強制
性質的戍兵屯田，也逐漸改變為招民耕種、募人開田等辦法，這就是
所謂的「營田戶」。營田雖耕種的仍是國家所有的土地，但已有較多支
配土地的權力，私有性明顯增加了。後來，代宗時期頒布《廢華州屯
田制》，其中說：

華州人戶，土地非廣，其屯田並宜給與貧下百姓。[88]

宣宗大中三年，又有制：

其秦、威、原三州，並七關側近，訪聞田土肥沃，水草豐美，如

86　《冊府元龜》卷五〇三《邦計部・屯田》，第6038頁。
87　《唐大詔令集》卷一三〇《收復河湟德音》，第709頁。
88　《唐大詔令集》卷一一一，第577頁。

百姓能耕墾種蒔，五年內不加稅賦，五年後已量定戶籍，便任為永
業。[89]

　　這都說明，私有制的發展，迫使統治者也不得不改變國有土地的經營
方式，有的招民佃種，收其租賦，成為國家佃戶；有的任民開墾，便
為永業，收其賦稅，以實軍糧。

　　隨著屯田經營方式的改變，由戍兵屯田，到營田戶營田，從生產
者身分來說，也有了相對提高。戍兵屯田是強制性的勞役，而營田戶
所交的是實物，在人格上，營田戶要比戍兵自由，依附性明顯地有所
減弱了。

　　唐代在西北地區國有土地上的這些變化，也是中國封建社會發展
到中唐時期土地所有制發生大變化的一個組成部分。均田制的徹底破
壞、私人莊園的發展、租佃制的風行和個體自耕農的增多，都是這一
大變化中的主要內容。唐代西北的屯田制度，也正是循著這一方向發
展的。

四、隋唐西北屯田的積極意義

　　在中國漫長的封建社會中，隋唐兩朝是兩漢之後最為強盛的兩個
朝代。隋唐所以強盛，當然有各種各樣的原因，特別是國內生產的發
展、制度的完善是最為重要的兩個基點。但是，邊防的鞏固，邊疆的
開發，也是隋唐兩朝所以強盛的重要因素。而邊防的鞏固，邊疆地區
的開發，卻又是和屯田政策分不開的。因為實行屯田，不僅解決了邊
防戰士的糧食問題，增加了國家財政收入，使邊防得到了物質條件的
保證；同時，邊疆地區的開發，增進了民族間的融合，也有利於邊防

89　《唐大詔令集》卷一三〇《收復河湟德音》，第709頁。

的鞏固。

隋唐時期在西北地區實行的屯田政策，是收到了極為顯著的效果的。

首先，從鞏固邊防這一角度考察。隋唐建都長安，關中地區雖有關山之固，秦川沃野，但從當時形勢來看，蒙古高原的突厥，西南的吐谷渾、吐蕃都對隋唐王朝有很大的威脅。早在漢武帝時，這位雄才大略的君主就清楚地看到這一點：如果北方的強胡與南邊的羌人聯合起來，就會對漢王朝的腹心地區關中造成極大的壓力。所以他出兵向西，占有河西走廊，建立起河西四郡，地軍西域，駐兵設屯，用以「隔絕羌胡」、「斷匈奴之右臂」。顧祖禹也曾寫道：

　　昔人言，欲保秦隴，必固河西；欲固河西，必斥西域。漢人緣此，而羌、戎賓服者二百餘年。[90]

為確保關中政權的安全，北斥胡騎，西平羌患，這也就是隋唐政權必須十分注意的問題。在前面曾說到過，隋唐西北面有東、西突厥，西南有吐谷渾及吐蕃。這些政權都曾給隋唐帝國造成很嚴重的邊患。隋時突厥曾縱掠西起武威、東至延安的北方諸郡。吐谷渾也曾不斷寇掠涼州、弘州。隋末突厥復興，唐初其騎兵一直逼近長安附近，唐高祖被嚇得想將都城遷至山南。後來東突厥雖為唐兵擊潰，但在武后至玄宗期間，點戛斯、回紇、突厥餘部仍不斷抄掠北方邊州。隋及唐初西突厥曾役屬過西域，給西域各國人民帶來沉重的災難。當然，對唐王朝威脅最大的還是吐蕃，河西、隴右以及西域地區，常在吐蕃兵鋒威

90　《讀史方輿紀要》卷六三《甘肅鎮》，第六冊，第2972頁。

攝之下。安史之亂後，隴右陷蕃，長安常為之戒嚴防備。所有這一切，迫使隋唐兩代的統治者極端重視西北的邊防。

防止西北邊患既是隋唐兩朝關中政權最為重視的課題，所以拓境駐軍、設烽築寨，就成為必行之事。而要設防駐兵，就要解決軍糧問題，唐在西北邊境的駐兵，前期無法知其數字。到玄宗開元、天寶年間，史書則載有確數。根據《唐會要》卷七八《節度使》、《資治通鑑》卷二一五「天寶元年」條及《新唐書·兵志》、《舊唐書·地理志》等記載：安西、北庭統轄四鎮、三軍，有兵四萬四千人；河西統八軍、三守捉，有兵七萬三千人；朔方統三軍、三受降城，安北、單于二都護，有兵六萬四千七百人；隴右統十軍、三守捉，有兵七萬五千人。以上五節度就統軍二十五萬多人，占當時全國邊軍的一半以上。這些軍隊除了少數駐在州治以外，大多駐在沿邊地帶。就是駐在城內的，也因軍多民少而難以供應糧食。如我們以河西節度的軍隊為例，在所統轄的八軍、三守捉中，只有赤水軍、豆盧軍駐在涼州、沙州城內。赤水軍有三萬三千人，馬九千四百匹；豆盧軍有四千四百人，馬四百匹。可是，按《舊唐書·地理志》所載，當時涼州僅有二萬二千戶，沙州只有四千二百戶。以此數計，僅赤水、豆盧兩軍，涼州全州一戶要養一個半兵，沙州則一戶養一兵，顯然這是難以負擔的。更何況有些軍駐在渺無人煙的地區，若要運糧，則更為困難了。褚遂良談到平定高昌的戰爭中，「飛芻輓粟，十室九空，數郡蕭然，五年不復」[91]，其艱難可以想見。為解決這一問題，隋唐的統治者傚法漢武帝以來中原歷代政權所採用的屯田實邊政策，也就是很自然的了。隋代趙仲卿屯田於長城之北，就是為了「邊戍無餽遠之憂」；唐初竇靜和黑齒常之

91　《舊唐書》卷八〇《褚遂良傳》，第 2736 頁。

分別屯田太原、河源，也是「以省饋運」和「恐有轉輸之費」。對於這一點，武則天說得比較透徹。她說：「王師外鎮，必藉邊境營田」，「不煩和糴之費，無復遠輸之艱。」唐代前期實行府兵制度，士兵多為輪番成守的農民，利用這些勞動力進行屯田，當然是解決邊地軍糧最理想的辦法。

正因為實行屯田，邊地有軍有糧，才使邊防得以鞏固。從河湟地區來看，因為有河源、積石以及河西各地的屯田，所以唐代前期有像黑齒常之、郭知運、王君、張守珪、王忠嗣、哥舒翰等人的戰果。他們力挫吐蕃，使「虜謀稍折」，守住了河湟地區。後來，因安史之亂，河隴陷蕃，但也因為涇原、長武城、普潤等地的屯田，才擋住了吐蕃的東進。《舊唐書·李元諒傳》即說到，因為他於良源屯田，「守備益固」，「虜每寇掠，輒擊卻之，涇隴由是獲安」。同樣，也由於有朔方屯田，才擋住了北方游牧民族南下抄掠。高宗時，突厥圍攻豐州，當時朝廷曾發生過一場是否放棄豐州的爭論。有人建議放棄豐州，移民向南，以靈、夏為界。唐休璟即說：

> 豐州控河遏賊，實為襟帶，自秦、漢已來，列為郡縣，田疇良美，尤宜耕牧。……貞觀之末，始募人以實之，西北一隅，方得寧謐。今若廢棄，則河傍之地復為賊有，靈、夏等州人不安業，非國家之利也。[92]

他所強調的傍河之地良美，募人以實之，使得邊地安寧，指的就是利用河套肥沃的土地進行屯田。因為只有屯田，才守住了河南之地。在

92　《舊唐書》卷九三《唐休璟傳》，第 2978 頁。

西域地區，安西的焉耆、疏勒、北庭和西州、伊州，是唐在西域兩片最大的屯田區。這兩片的駐軍控制了天山南北兩路的交通，維繫了整個西域地區的安全。所以，唐在西域與西突厥的爭奪，就是爭奪這兩片屯田區。後來，安史亂起，隴右陷蕃，在這片土地上，出現了伊州守將袁光庭、安西都護郭昕、北庭都護楊襲古，以及鎮守焉耆的楊日祐、鎮守疏勒的魯陽等長期孤守不屈的事蹟。正因為這些地區原都是唐代駐有重兵的屯田區，有屯田的糧食可恃，才使他們堅持幾十年，一直到八世紀九〇年代才為吐蕃攻陷。

趙充國早就說過：「屯田內有無費之利，外有守禦之備。」唐代屯田，畢瑊也說：「邊境御戎，以兵多積穀為上策。」屯田是鞏固邊防最有效的措施。唐之強盛，屯田政策之成功是起了重要作用的。

其次，屯田不僅鞏固了邊防，更重要的還在於節省了勞力，增加了國家財富。古代運輸，當以水路最為廉價。陸路運輸，多以馬馱、車載，費力、費時，代價甚高。秦始皇時，為進攻匈奴，「使天下飛芻輓粟，起於黃、腄、琅邪負海之郡，轉輸北河，率三十鐘而致一石」[93]。《通典》在引用這條材料時說：「六斛四斗為鐘，計其道路所費，凡用百九十二斛乃得一石。」[94]漢武帝通西南夷，《史記·平準書》說：「千里負擔饋糧，率十餘鐘至一石。」運輸費用比之糧食本身要高出百十倍。由此可見古代運輸之難。及至魏晉以後，給邊境運糧，仍是國家的一個重大負擔。北魏時，刁雍為薄骨律鎮（治今寧夏靈武縣西南）鎮將，他在孝文帝太和七年（483）上表說道：

93　《漢書》卷六四上《主父偃列傳》，第2800頁。
94　《通典》卷一一〇《食貨典·漕運》，第214頁。

　　奉詔高平、安定、統萬及臣所守四鎮,出車五千乘,運屯穀五十萬斛付沃野鎮,以供軍糧。臣鎮去沃野八百里,道多深沙,輕車往來,猶以為難,設令載穀,不過二十石,每涉深沙,必致滯陷。又穀在河西,轉至沃野,越度大河,計車五千乘,運十萬斛,百餘日乃得一返,大廢生民耕墾之業。車牛艱阻,難可全至,一歲不過二運,五十萬斛乃經三年。[95]

沃野鎮在今內蒙古自治區五原縣之北,高平在今寧夏固原,安定在今甘肅涇川,統萬城即夏州治所,在今陝西靖邊北邊的白城子。從今陝、甘、寧三省運糧至內蒙古五原,當時是一歲二運,一車二十石。若再計算人力、牛馬及途中所費的糧食,實在是所費大大超過所運的糧食了。

　　西漢、魏晉為供應邊防軍糧所遇到的困難,隋唐當然也不例外。為解決這一問題,中原政權不外乎採取兩種辦法,一是自兩漢以來的邊地屯田,一是自北魏以來的和糴。唐王朝統治時期,兩種辦法都是採取了的,只不過因各代形勢不同,所起的作用亦有所差別。

　　和糴之法,史籍記載最早見於《魏書·食貨志》:

　　自徐揚內附之後,仍世經略江淮。於是轉運中州,以實邊鎮,百姓疲於道路。乃令番戍之兵,營起屯田。又收內郡兵資,與民和糴,積為邊備。

此後,北齊亦曾實行過這一制度。到了唐代初期,在經歷了隋末的動

95　《魏書》卷三八《刁雍傳》,第868頁。

亂之後，國內仍是一個「率土荒儉」的時代，各地生產正在恢復發展，能夠提供和糴的糧不多。武則天統治時，已有一些關於和糴的記載，如《冊府元龜》卷五○二《平糴》中有記：

　　則天證聖元年（695）三月二十一日，敕州縣軍司府官等，不得輒取和糴物。

在西北地區，吐魯番出土的《周長安三年（703）三月敦煌縣錄事董文徹牒》，其中也說道：

　　和糴既無定準，自誤即受單寒。

這些資料說明，和糴在唐初是存在的，只不過沒有全面鋪開推行。當時，西北邊地，仍以屯田作為供應軍糧的主要來源。關於這一點，《新唐書・食貨志三》說得明白：

　　貞觀、開元後，邊土西舉高昌、龜茲、焉耆、小勃律，北抵薛延陀故地，緣邊數十州戍重兵，營田及地租不足以供軍，於是初有和糴。牛仙客為相，有彭果者獻策廣關輔之糴，京師糧廩益羨。自是玄宗不復幸東都。天寶中，歲以錢六十萬緡賦諸道和糴，斗增三錢，每歲短遞輸京倉者百餘萬斛。

由於疆土擴展，營田和當地正租不足以供軍，於是和糴政策全面推行。陳寅恪先生在《隋唐制度淵源略論稿》之《財政》一節中具體論述了唐代實行和糴的條件和推行的過程。他指出，要實行和糴：

　　除有充足之財貨足以為和賣之資外，尚須具備有兩條件：一為其地農民人口繁殖，足以增加農產品數量；二為其地已習用此類帶有強迫性收買之方法。

西北地區，在隋時即有強行按戶納粟的所謂義倉制度，而開元之時，國家阜盛，故和糴之法，先盛行於西北，後推至關中，故他又說：

　　總而言之，西北邊州早行和糴之法，史已明言，牛仙客推行引用至關輔，此和糴之法乃由西北地方制度一變而成為中央政府制度。

陳先生以為唐和糴先行於西北，以及和糴只有在開元盛世時才有條件全面實行，無疑地是非常正確的。這也就是說，到開元年間，和糴才能全面推行。由於實行和糴，既解決了部分邊地軍糧，更重要的是緩解了關中長期以來的缺糧問題。我們說的解決了部分邊地軍糧，這是因為我們從唐前期一百多年來看，邊境屯田仍是軍糧主要來源。和糴雖早已在西北實行，但到開元、天寶年間才逐漸重要起來。而且從數量上來說，和糴也不如屯田。《通典》卷二《食貨典・屯田》、卷一二《食貨典・輕重》，分別記載了天寶八年（749）屯田和和糴儲存的數額：

　　天寶八年，天下屯收百九十一萬三千九百六十石。關內五十六萬三千八百一十石，……河西二十六萬八十八石，隴右四十四萬九百二石。

　　和糴一百一十三萬九千五百三十石。關內五十萬九千三百四十七石，河西三十七萬一千七百五十石，隴右十四萬八千一百四石。

《通典》所指屯收，是指天寶八年的收入。和糴的數字，是記載全國倉糧的數字，是否是一年所得，不太清楚。就是以一年所得計，從兩者的比較也可以看出，屯田收入比之於和糴要多近一倍。所以，我們仍認為屯田收入仍是當時邊地軍糧的主要來源。

　　從《通典》所記屯田收入的數量，也可以使我們進一步了解唐西北屯田的重大意義。一是以西北地區所占全國屯田的比例來看。全國屯收當時是一九〇萬石，而關內、河西、隴右三道就有一二六萬石，這也就是說，西北屯田收入占全部屯田收入的百分之六十六左右。二是從全國財政收入來比。《新唐書・食貨志一》記載說，當開元全盛時：

　　天下歲入之物，租錢二百餘萬緡，粟千九百八十餘萬斛，庸、調絹七百四十萬匹，綿百八十餘萬屯，布千三十五萬餘端。

除去布帛等外，每年全國糧食收入是一九八〇餘萬斛，而屯田收入每年是一九一萬石，則可以知道，屯田收入要占全國正租收入的十分之一。而西北屯田收入，應為全國收入百分之六強。從財政收入來說，這又是一項很大的收入。更難得的是，此項收入大多來自邊地，減少了從中原運糧至邊地的困難。可以設想，如要從中原運這麼多糧食到邊地，所費人力、物力，加十倍尤恐不足。所以，從開闢財源、增加收入減輕人民負擔角度來說，西北屯田的意義是極其重大的。

　　再次，隋唐於西北屯田，大大加速了西北地區的開發，促進了西北各族人民大融合的進程。

　　西北地區的開發，當然是西北各族人民共同辛勤耕墾的結果。但是，我們也不應否認，當中原出現強盛的封建王朝之時，為鞏固邊防

的需要，移民實邊，實行屯墾，都曾調集來了巨大的人力、物力的支援。這些人力、物力調來西北，必然地要對這一地區的開發起到重要作用。我們縱觀中國古代的歷史，兩漢、隋唐、明清三個時期是西北地區經濟發展的三個最重要的階段。而在這三個階段中所以發展得比較快，其中的一個重要原因就是實行了屯田。因為屯田，使西北大片的荒土得以開墾。以唐而言，唐開元時在西北有五百多屯，唐代規定，一屯為五十頃，按此計算，西北屯田應有二千五百多頃。這麼多土地的開墾，無疑地會促進西北地區經濟的迅速發展。同時，也因為實行屯田，就得興修水利，製造農具，整修道路，興辦一系列手工業作坊，繁殖耕牛，發展畜牧業等等，這也就帶動了其他行業的發展。特別是屯田士兵在唐代前期多來自中原地區，中原地區先進的文化、技術也因之帶到了邊地。這對於西北的開發也起了極為重要的作用。

　　這裡，我們僅以西域為例作一簡單的介紹。因為在西域屯田，唐代西域農業有了長足的發展。《舊唐書‧吐蕃傳》說：「輪臺、伊吾屯田，禾菽彌望。」在今巴里坤、焉耆、庫車、輪臺等地，考古學工作者還發現有許多唐代屯田的遺跡。焉耆陸式鋪古城和唐王城屯田遺址中，保存有許多倉庫、地窖，其中儲有小米、高粱、胡麻等等。[96]為了要實行屯田，唐在西域地區不斷興修水利。契丹人耶律楚材到西域遊歷時，在唐碎葉城遺址西三〇〇里見到唐屯田的遺址，說到這塊地方「數百里皆平川」，並說：

　　　　川北頭有巨麗大城，城外皆平原可田。唐時鑿道南山，夾為石牐

96　中國科學院考古研究所新疆考古工作隊：《新疆考古三個月》，載《考古通訊》1985年第五期；黃文弼《新疆考古的發現》，載《考古》1959年第2期。

以行水，牏背跨堅岸。有唐節度使參謀、檢校刑部員外郎、假緋魚袋太原王濟之碑。[97]

　　在手工業方面，在吐魯番阿斯塔那唐墓中曾發現了大量的絲織品。出土的文書中即有「丘慈（龜茲）錦」、「疏勒錦」等名稱，這些技術也應是由中原傳到這些地區的。唐代西州還出現了「紙坊」[98]，應在此前後傳入西域。

　　此外，由於軍政需要，在西域設立了許多驛館，而為便利運輸和傳遞，當時還有官辦的車坊、馬坊，對發展中原與西域的交通，起了重要的作用。

　　這裡特別要提到的是，在新疆發現了唐中宗景龍四年（710）卜天壽所寫的《論語鄭氏注》的抄本和唐憲宗元和年間遺留下的《坎爾曼詩簽》，是中原文化大量輸入西域地區的明證。坎爾曼這位兄弟民族的詩人既抄寫了白居易的名作《賣炭翁》，又能自己寫下《教子》、《訴豺狼》等篇章，這是西域地區民族大融合的最好的見證。而西域的這些進步和發展，應當說都是與當時中原人民大量來到西域有關的。唐政權所實行的移民實邊、屯田開發等政策，是促進這一地區發展、加速當地各族人民融合的一個有力的槓桿。

　　　　　　（原載齊陳駿《河西史研究》，甘肅教育出版社 1989 年版）

97　李光庭：《漢西域圖考》卷一，影印陽湖趙氏壽諼草堂同治庚午年（1870）本。
98　木英：《新疆古代造紙》，載《新疆日報》1979 年 2 月 13 日。

略述唐王朝與吐蕃的關係及
張議潮領導的沙州人民起義

　　張議潮[1]，甘肅敦煌人[2]，他所領導的唐末沙州（即敦煌）人民反對吐蕃奴隸主統治的大起義，在甘肅的歷史上是一件具有重大歷史意義的事件。河西人民為了紀念這一位民族英雄，還曾經將他的事蹟編為說唱的故事，其中有這樣的幾句：

> 河西淪落百餘年，路阻蕭關雁信稀。
> 賴得將軍開舊路，一振雄名天下知。[3]

對他的評價是很高的。

1　《資治通鑑》等書作「義潮」，據石室發現的文卷為「議潮」。

2　《新五代史》卷七四《四夷附錄三・吐蕃》（中華書局 1974 年版，第 914 頁）作張掖人，應誤。

3　《張淮深變文》，載王重民等編《敦煌變文集》上冊，人民文學出版社 1957 年版，第 127 頁。

　　本文試就唐末河西走廊的情況、唐王朝與吐蕃的關係以及張議潮起義的經過和意義作一簡略的評述。

　　一

　　唐帝國建立時，在我們祖國的內部還存在著許許多多少數民族和由他們所建立起來的國家。其中主要的有突厥、吐蕃、回紇、南詔、靺鞨和高山族等。在唐代，它們由於接受先進的漢族經濟、政治和文化的影響，由於各族勞動人民辛勤的勞動，社會經濟都有了不同程度的發展。在此基礎上，各民族之間文化的交流和民族融合的程度也進一步加深了。唐王朝在當時所以能成為世界上最文明最強盛的國家，就是與它接受和融合了各兄弟民族的文化分不開的。

　　吐蕃是藏族建立的國家。很早以前，藏族就居住在青藏高原。在長時期裡，藏族人民以辛勤的勞動，開拓了這塊被稱為「世界屋脊」的高原地區，對於締造我們偉大的祖國作出了傑出的貢獻。在六七世紀之交，藏族人民在其首領松贊干布領導下建立起強大的奴隸制國家──吐蕃王國以後，就與唐建立了友好的關係。在唐王朝的初年，唐太宗以文成公主出嫁於松贊干布，這成為兩族人民友好關係的象徵。文成公主去西藏時，帶去了許多細緻的手工業品、藥物和蔬菜的種子。後來，唐政權還滿足了松贊干布的請求，給吐蕃送去了蠶種，派遣了許多擅長於釀酒、造紙、碾磑的工人到吐蕃傳授技術。這些對於吐蕃社會經濟的發展是起了很大的促進作用的。文成公主所以一直到現在為藏族人民所敬愛，也就因為她在漢藏兩族人民兄弟友誼的發展上起了重要的作用。歌頌文成公主，實質上也就是歌頌漢藏兩族人民偉大的團結。

　　此後，到了唐中宗年間，唐政權又一次接受了吐蕃的要求，將金城公主嫁給了吐蕃贊普尺帶珠丹（即棄隸縮贊），從而更增強了唐蕃的

友誼。尺帶珠丹上表給唐玄宗説過：「外甥是先皇帝舅宿親，又蒙降金城公主，遂和同為一家。天下百姓，普皆安樂。」[4]藏族人民流行著一句古諺語説：「漢地的貨物運到『博』（即西藏），是我們這裡不產這些東西嗎？不是的，不過是要把漢藏兩地人民的心連在一起罷了。」[5]這正説明了漢藏兩族人民親密關係的悠遠和深厚。西藏早已是我們偉大祖國領土不可分割的一部分了。即使到安史之亂以後，唐和吐蕃為了爭奪河西、隴右地區而不斷進行戰爭時，這種「和同為一家」的關係，仍是為雙方所共認的。白居易《代忠亮答吐蕃東道節度使論結都離等書（奉敕撰）》中説：「國家與吐蕃代為舅甥，日修鄰好，雖曰兩國，有同一家。」[6]唐王朝每一個皇帝即位或死亡，吐蕃贊普新立或喪亡，雙方都是互派使節，生相慶，死相弔，像一家人那樣往來。如唐代宗病死，唐德宗即位時（780 年），吐蕃乞立贊因未弔喪、慶賀，就曾經很悔恨地説：「我乃有三恨，不知天子（代宗）喪，不及吊，一也；山陵不及賵，二也；不知舅（德宗）即位，而發兵攻靈州，入扶、文，侵灌口，三也。」[7]又如唐武宗時，吐蕃達磨贊普死，其丞相立乞離胡為贊普，沒有經過唐的冊封，結果引起了國人的不滿，當時就有人説：「且無大唐冊命，何名贊普！」[8]可見漢藏兩族人民在政治上的關係仍是十分密切的。

　　在唐代，唐和吐蕃兩國在經濟上、政治上的關係是非常密切的。但是，我們也不能不看到吐蕃當時仍是一個奴隸制的國家，奴隸主和

4　《舊唐書》卷一九六上《吐蕃傳上》，第 5231 頁。

5　《格薩王傳》引古諺語，見王忠《新唐書吐蕃傳箋證》，科學出版社 1958 年版，第 35 頁。

6　白居易：《白氏長慶集》卷五七，文學古籍刊行社 1955 年版，第 1412 頁。

7　《新唐書》卷二一六下《吐蕃傳下》，第 6092 頁。

8　《資治通鑑》卷二四六，武宗會昌二年（842）條，第 7970 頁。

貴族為了要掠奪奴隸、土地和財富，不斷地與唐王朝發生衝突。早在唐高宗時，吐蕃奴隸主為了奪取奴隸和土地，就和唐王朝激烈地爭奪過「安西四鎮」。如大非川之役和青海之役，唐代名將薛仁貴和劉審禮等都為吐蕃所敗。以後，唐雖然曾一度收復了「安西四鎮」，但是，唐蕃兩國的衝突仍然是繼續地進行著。等到安史之亂以後，吐蕃奴隸主便乘著唐政權徵調西北邊境上的軍隊去平安史之亂的時機，發動了更大規模的掠奪戰爭，占領了整個河西、隴右地區。

唐代的所謂河西、隴右，指的是隴山以西今甘肅、新疆的廣大地區。在唐初，這一地區設隴右道。河西，指今甘肅黃河以西通新疆的一條狹長地帶。唐中期以後，隴右道分由隴右、河西兩節度使統轄。隴右節度使駐鄯州，河西節度使駐涼州。河西地區自從漢武帝設置了河西四郡以後，中原各個王朝為鞏固西北的邊防，保持對中亞、西域的道路暢通，歷代的統治者都非常注意河西的開發。興辦屯田、設置亭障，推行先進的耕作方法，用以促進這一地區經濟的不斷發展。如姑臧及敦煌，在漢代已是當時有名的城市。在漢代，涼州就以畜牧富饒而著稱於天下。敦煌一郡，當時就有三萬八千多人。

到了隋唐時期，這個地區顯得更為重要了，根據裴矩的記載，當時中國通西域的道路約有三條：（一）北道，即天山北路，由伊吾（今新疆哈密）經蒲類海、鐵勒部等地區而到達西海（即地中海）。（二）中道，沿天山南麓西行，由高昌（今吐魯番）經焉耆（今焉耆），龜茲（今庫車）等地而至西海。（三）南道，沿塔克拉瑪干沙漠南緣西行的南道，由鄯善（今若羌），經于闐（今和田）、朱俱波（今英吉沙、蒲犁等縣地）而至西海。因此，伊吾、高昌、鄯善是通西域的三個門戶。而三個門戶總的咽喉則又是位於河西走廊西端的敦煌。在這一時期中，河西的國際貿易非常繁榮，這裡居住著不少來自中亞的商人。

　　河西不僅因為地理上的重要而發展起來，而且，也由於河西自漢以來經過了幾百年來勞動人民的開發，早已變成了一個農業生產比較發達的地方，尤其是散在祁連山北麓的一些城鎮，如酒泉、張掖、武威等地，由於受到祁連山雪水的灌溉，水草肥美，農牧業更為發達。司馬光在《資治通鑑》一書中，談到唐玄宗時的河西情況說：「是時中國盛強，自安遠門西盡唐境萬二千里，閭閻相望，桑麻翳野，天下稱富庶者無如隴右。」[9]

　　也正因河西是一個農業、畜牧業比較發達，商業比較繁榮的地方，吐蕃奴隸主對於這一地區，可以說早已垂涎欲滴，想盡辦法企圖占領這一塊土地，而唐中葉時發生的安史之亂，這正給吐蕃奴隸主以難得的機會，於是便發動了大規模的掠奪戰爭，並占領了整個河西。

　　二

　　吐蕃奴隸主乘安史之亂所發動的掠奪戰爭是從占領巂州（今四川省西昌縣）和威武（青海西宿海西北）諸城開始的。接著，又占領了廓州（青海貴德）、鄯州（青海西寧）、疊州（甘肅臨潭縣西南）、宕州（甘肅宕昌）、武州（即階州，今甘肅武都）、岷州（甘肅岷縣）。西元七六二年，又占領了渭州（甘肅隴西）、秦州（甘肅天水）、成州（甘肅成縣）。西元七六三年，占領了臨州（甘肅臨洮）、蘭州（甘肅皋蘭）、河州（甘肅臨夏）。這樣吐蕃從中切斷了唐王朝西方邊境與唐中央的關係，整個隴右道都在吐蕃勢力的威脅之下了。

　　西元七六三年，唐政權剛剛平定了安史之亂，吐蕃就在這一年的十月攻入了長安，唐代宗被迫逃往陝州（河南陝縣）以避其鋒。雖然吐蕃在長安只逗留了十三天就退出去，但是吐蕃又回過頭來覬覦河

9　《資治通鑑》卷二一六，玄宗天寶十二載（753）條，第6919頁。

西，西元七六四至七七六年先後占領了涼州（甘肅武威）、甘州（甘肅
張掖）、肅州（甘肅酒泉）、瓜州（甘肅瓜州）。最後，到西元七八六
年，又占領了沙州（甘肅敦煌），整個河西完全被吐蕃奴隸主所控制。

吐蕃在攻占沙州的時候，沙州人民曾進行了英勇的反抗，據《新
唐書・吐蕃傳下》記載：「始沙州刺史周鼎為唐固守，贊普徙帳南山，
使尚綺心兒攻之。鼎請救回鶻，踰年不至，議焚城廓，引眾東奔，皆
以為不可。鼎遣都知兵馬使閻朝領壯士行視水草。……（閻朝）執鼎
而縊殺之，自領州事。城守者八年，出綾一端募麥一斗，應者甚眾。
朝喜曰：『民且有食，可以死守也。』又二歲，糧械皆竭，登城而呼
曰：『苟毋徙佗境，請以城降。』綺心兒許諾，於是出降。自攻城至是
十一年。」[10]在周圍各州皆已陷落的情況下，沙州人民前後堅守了十一
年之久，並在爭得了不得將沙州人民徙往他處的條件下，才為吐蕃所
占領。可見以後在沙州首先爆發張議潮領導的起義，絕不是偶然的。

隴右、河西陷落以後，這一地區的人民從此就遭到了吐蕃奴隸主
的殘酷剝削和掠奪，大批漢族人民遭到屠殺，而更多的漢族人民被迫
成了吐蕃奴隸主統治下的奴隸。唐代沈既濟說：「初，吐蕃既得河、湟
之地，土宇日廣，守兵勞弊，以國家始因用胡為邊將而致禍，故得
河、隴之士約五十萬人，以為非族類也，無賢愚莫敢任者，悉以為奴
僕。」[11]又說：「自輪海已東，神鳥、敦煌、張掖、酒泉，東至於金城、

10　此條材料《新唐書》卷二一六下《吐蕃傳下》（第6101頁）記載在憲宗元和年間，據
　　《元和郡縣圖志》卷四「沙州」條：「建中二年陷於吐蕃」，第1025頁。向達先生《羅
　　叔言〈補唐書張議潮傳〉補正——瓜沙談往之四》（載《唐代長安與西域文明》，第
　　409-420頁）亦認為建中二年陷蕃。蘇瑩輝先生在《論唐時敦煌陷蕃的年代》（載《敦
　　煌論集》，臺灣學生書局1969年版，第215-220頁）一文中認為敦煌縣陷蕃在貞元元
　　年，建中二年是壽昌縣陷蕃。

11　《資治通鑑》卷二二六，德宗建中元年（780）條引《通鑑考異》，第7280頁。

會寧，東南至於上邽、清水，凡五十六郡、六鎮十五軍，皆唐人子孫，生為戎奴婢，田牧種作，或叢居城洛之間；或散處野澤之中，及霜露既降，以為歲時，必東望啼噓，其感故國之思如此。」[12]

吐蕃這個奴隸制的國家，對於奴隸的統治是非常殘酷的。根據《舊唐書‧吐蕃傳》的記載，奴隸主對於奴隸可以隨著自己的高興任意運用各種酷刑，犯了小罪，就要被挖掉眼睛或割去鼻子，或者是用皮鞭抽打，或者是被關在好幾丈深的地牢中。「砍頭、剜眼、剝皮……諸刑皆備。」對奴隸進行慘無人道的迫害。唐人留下的一些筆記小說中，也曾記載了漢族人民被吐蕃奴隸主俘去以後所遭受的暴虐待遇。趙璘所寫的《因話錄》卷四說：「元和十五年，淮南裨將譚可則，因防邊為吐蕃所掠。……先是，每得華人，其無所能者，使充所在役使，輒黥其面；粗有文藝者，則涅其右臂，以候贊普之命。」甚至還有的被「令穴肩骨，貫以皮索，以馬數百蹄配之」[13]，強迫他們進行奴隸勞動。

吐蕃奴隸主對於被俘漢族人民的迫害，《舊唐書‧吐蕃傳》還曾記載了這樣一件事：貞元六年（790）八月，吐蕃軍隊在寶雞等地進行了大規模的屠殺和焚掠以後，將被俘的漢族人民老弱婦孺，或挖眼，或砍掉手足，棄之道旁，而將精壯的漢族人民一萬多人全部帶走，準備將這些人民分給吐蕃屬部羌、渾等部落為奴隸。在到達安化峽時，吐蕃奴隸主對這些被俘的漢民說：「從爾輩東向哭辭鄉國。」於是「眾遂大哭，其時一慟而絕者數百人，投崖谷死傷者千餘人」。這種殘暴的奴役，使西北人民陷入了苦難的深淵。

對於吐蕃落後的奴隸制的暴虐統治，河西、隴右地區的漢族人

---

12 沈既濟：《沈下賢文集》卷一〇《賢良方正能直言極諫策》，《景印文淵閣四庫全書》集部一八，臺北「商務印書館」1986年版，第 1079 冊，第 67 頁。

13 段成式：《酉陽雜俎》卷七，第 272 頁。

民，早已是懷恨心頭，迫切地要求擺脫這種境遇。建中元年（780），唐派韋倫為使與吐蕃會盟，在他回來路過河隴地區時，看到了當地漢族人民「皆毛裘蓬首，窺覷牆隙，或捶心隕泣，或東向拜舞，及密通章疏，言蕃之虛實，望王師之若歲焉」[14]。同樣，在唐穆宗長慶年間，劉元鼎去吐蕃會盟，經過龍支縣（今青海樂都縣南）時，「耋老千人拜且泣，問天子安否？言頃從軍沒於此，今子孫未忍忘唐服，朝廷尚念之乎？言已皆嗚咽，密問之，豐州人也」[15]。遭受殘酷奴役的人民，見到故土的親人，懷念故鄉的心情在這些問話中，真是表達得無遺了。唐代偉大的現實主義詩人白居易曾寫了《縛戎人》一詩，描寫了有人從吐蕃奴隸主手中逃回唐朝的情況。這首詩說：「一落蕃中四十載，遭著皮裘繫毛帶。唯許正朝服漢儀，斂衣整巾潛淚垂。誓心密定歸鄉計，不使蕃中妻子知。暗思幸有殘筋力，更恐年衰歸不得。蕃侯嚴兵鳥不飛，脫身冒死奔逃歸。」[16]這也真實地表達了當時陷蕃的河隴漢族人民的普遍心理。後來，當張議潮起義時，他能很快地推翻吐蕃奴隸主在河隴地區的統治，也是與這一地區人民積極的支持分不開的。

到了九世紀中葉以後，吐蕃奴隸制的國家，一方面由於奴隸主殘暴的統治和嚴重的天災疾疫，被壓迫人民紛紛起來反抗；另一方面，吐蕃奴隸主之間為了爭奪利益又發生了內訌，使吐蕃奴隸主的統治逐步衰落了。西元八四七年，吐蕃落門川討擊使尚恐熱篡奪了吐蕃大權，與鄯州節度使尚婢婢在河西進行爭奪，更加深了河西人民的災難。《資治通鑑》卷二四九說，尚恐熱「大掠河西鄯、廓等八州，殺其

14　《資治通鑑》卷二二六，德宗建中元年（780）條胡三省注引《通鑑考異》卷一七引沈既濟《建中實錄》，第7280頁。

15　《新唐書》卷二一六下《吐蕃傳下》，第6107頁。

16　《白氏長慶集》卷三《新樂府‧縛戎人》，第95頁。

丁壯，劓刖其羸老及婦人，以槊貫嬰兒為戲，焚其室廬，五千里間，赤地殆盡」。於是，唐王朝乘著這一機會收復了清水（甘肅清水）、原州（寧夏固原）、石門等六關和威州（寧夏中衛市）、扶州（甘肅文縣西），而張議潮也正是乘著吐蕃統治衰落、河西人民反對殘暴統治高漲的時機，舉行了起義。

　　關於張議潮的身世，新舊《唐書》皆無記載，《冊府元龜》卷九八〇《外臣部・通好》條有「沙州陷蕃後，有張氏世為州將」的記載，這個張氏是否與張議潮有關，我們不得而知。但是，《新唐書・吐蕃傳》中說：「沙州首領張義潮奉瓜、沙、伊、肅、甘等十一州地圖以獻。」因此，張議潮是沙州的一個地方首領是沒有問題的。

　　當吐蕃統治河西時，張議潮就有「陰結豪英歸唐」的思想[17]，企圖用武力推翻吐蕃的統治。到了唐宣宗大中二年（848），他看到了吐蕃統治的削弱和河西人民反抗情緒的高漲，於是就「募兵」集眾，發動起義。《資治通鑑》卷二四九，宣宗大中四年（850）條說：「義潮，沙州人也，時吐蕃大亂，義潮陰結豪傑，謀自拔歸唐；一旦，帥眾被甲噪於州門，唐人皆應之，吐蕃守將驚走，義潮遂攝州事，奉表來降。」可見，張議潮這次起義是在沙州廣大的漢族人民的響應下，很快地就占領了沙州的。當時，河西其他州縣仍在吐蕃統治之下，為了及時地向唐王朝告捷，他便發遣了十隊的使者，攜帶了十份同樣的表文，分十路去長安。到大中四年，表文才送到唐王朝的中央。而在這兩年中，張議潮以沙州起義的群眾為基本隊伍，和吐蕃奴隸主進一步地展開了鬥爭。到了大中五年（851），又先後收復了瓜州、肅州、伊州等地區，並且還派遣了他的哥哥張議潭為使者，帶了十一州的地圖去長

17　《新唐書》卷二一六下《吐蕃傳下》，第6107頁。

安覘見，唐政權就以張議潮為節度使，名其軍為「歸義軍」，管理這十一州的行政和軍務。到了唐懿宗咸通二年（861），張議潮又「自將蕃漢兵七千克復涼州」。於是，「河隴陷沒百餘年，至是悉復故地」[18]。河西人民到這時止，才完全擺脫了吐蕃奴隸主的統治。

張議潮領導的這次沙州人民大起義，它不僅僅是一次反抗民族壓迫的鬥爭，同時，也是一次各族人民反對吐蕃奴隸主的階級鬥爭。

吐蕃奴隸主在占領河西時期，也是勾結了河西地區的各族首領和漢族地主來共同統治的。如莫高窟《陰處士修功德記》所載，陰嘉政的祖上都是唐王朝的官吏，而到吐蕃占領河隴，兩個弟弟陰嘉義、陰嘉珍，仍然是吐蕃瓜州節度使屬下的軍官。在敘述到吐蕃統治下人民情況時，還說：「自讚普啟關之後，左衽遷階，及宰輔給印之初，垂袪補職。蕃朝改受，得前沙州道門親表部落大使，承基振豫，代及全安。六畜當五秉之饒，一家蠲十一之稅；復舊來之井賦，樂已忘亡；利新益之園池，光流竟歲。」[19]這個漢族地主不僅在政治上、經濟上享有特權，而且家業也越來越大了。他們竟高興得忘記了歲月的變遷。在《李氏再修功德碑》裡也記載了一個姓李的漢族地主在吐蕃統治下當了將軍。碑文中有以下幾句：「雖雲流陷居戎，而不墜弓裘，暫冠蕃朝，猶次將軍之列。」[20]另外，莫高窟《索法律銘》中，也說到索法律兄弟曾任吐蕃官職，「亡兄前仕沙州防城使，諱清寧，高情直節，毓著公名，權職蕃時，升榮曩日」[21]。也正因為吐蕃在河西的統治實質上是

18　《資治通鑑》卷二四九，宣宗大中五年（851）條胡三省注引《通鑑考異》卷二二，第 8049 頁。

19　張維《隴右金石錄》卷二，甘肅省文獻徵集委員會校印，1942 年，第 41 頁。

20　《隴右金石錄》卷二，第 59 頁。

21　《隴右金石錄》卷二，第 55 頁。

階級統治，所以，張議潮這次起義，以漢族人民為主，也有少數民族人民參加。如上所引，張議潮「自將蕃漢兵七千克復涼州」，便是例證。再如《通鑑考異》卷二二曾說到張議潮收復十一州時，派了安景旻和部落使閻英達兩人到長安上表。這位姓安的使者，可能就是屬於西域一部分起義勢力的代表人物。在唐代，西域「昭武九姓」的「胡人」中就有一個叫安國的國家。他們就是以國為姓的。如唐代歷史上的安興貴、安祿山等人皆是出於這個安國，安景旻亦不應例外。「部落使」一名，是吐蕃統治時期的一個官名。閻英達可能就是吐蕃附屬部落中的一個行政頭目。[22]當起義爆發以後，他們也參加了反對吐蕃奴隸主統治的鬥爭。所以，我們完全可以這樣說，張議潮領導的這次起義，也是一次各族人民聯合反對吐蕃奴隸主壓迫的階級鬥爭。

　　三

　　在張議潮領導之下，河西人民擺脫了吐蕃奴隸主的統治，但不是說河西地區從此就平安無事了。《新唐書・地理志》曾經說：「張議潮以瓜、沙、伊、肅、鄯、甘、河、西、蘭、岷、廓十一州來歸，而宣懿德微，不暇疆理，惟名存有司而已。」這時李唐政權因為內部階級矛盾的尖銳，還沒有力量去經營河西。所謂「不暇疆理，惟名存有司而已」，這也就是說，經營河西，防止吐蕃及河西周圍少數民族統治階級的反撲，其責任都得由張議潮負擔起來。

　　當時的河西是一個民族雜居的地區。在河西的東面，居住著党項（即後來建立西夏的一支少數民族）。河西的東南和南面，居住著吐蕃。河西的北面，居住著回鶻。這些少數民族的統治階級，尤其是吐

22　上見王忠《新唐書吐蕃傳箋證》，第 161 頁。羅振玉《丙寅稿》之《補唐傳張議潮傳》以為閻英達為閻朝之後裔。

蕃的奴隸主和貴族，仍然企圖捲土重來，重新霸占這一塊肥美的土地，繼續奴役這一地區的人民。因此，張議潮收復河西之後，還不得不在沒有唐政權幫助的情況下，領導河西人民與這些少數民族的統治階級作長期的鬥爭。在敦煌發現的《張議潮變文》中曾有這樣的記載：「諸川吐蕃兵馬還來劫掠沙州。奸人探得事宜，星夜來報僕射（即張議潮），吐渾王集諸川蕃賊欲來侵凌抄掠，其吐蕃至今尚未齊集。僕射聞吐渾王反亂，即乃點兵鏊凶門而出，取西南上把疾路進軍，……蕃軍大敗……，生口細小等活捉三百餘人，收奪得駝馬牛羊二千頭匹。然後唱大陣樂而歸軍幕。」又說：「敦煌北一千里鎮伊州城西有納職縣，其時，回鶻及吐渾居住在彼，頻來抄劫伊州，俘虜人物，侵奪畜牧，曾無暫安，僕射乃於大中十年六月六日，親統甲兵，詣彼擊逐伐除。……回鶻大敗，……收奪駝馬之數一萬頭匹，我軍大勝，匹騎不輸，遂即收兵，卻望沙州而返。」吐渾即吐谷渾的簡稱，早在唐高宗時為吐蕃所滅，在吐渾亡後，其部落多散在瓜州、沙州南部。到了張議潮領導沙州人民起義取得了勝利時，這些散布在瓜、沙的部落有的已建立起政權，勾結吐蕃殘餘勢力，入寇沙州，故而張議潮引兵討平之。回鶻在唐文宗時被黠戛斯所滅後，一支逃至安西的回鶻部落，歷史上稱之為河西回鶻。他們本來是役屬於吐蕃的。吐蕃衰落，他們遂獨立發展，經常劫掠伊州，張議潮才發兵前去征討。可見，張議潮為了抵禦周邊少數民族統治階級的騷擾，鬥爭仍然是非常艱巨的。《張議潮變文》中說，議潮「朝朝秣馬，日日練兵，以備匈奴，不曾暫暇」，這也是真實地反映了當時的情況。

到了唐懿宗咸通八年（867），張議潮入朝，留居京師。咸通十三年（872）卒於長安私第。議潮入朝後，河西事務交給他的侄子張淮深管理。淮深仍與河西回鶻進行了不斷的鬥爭。在敦煌發現的另一文卷

《張淮深變文》中，就描寫了淮深與回鶻鬥爭的經過。其中有這樣的幾句：「尚書（指張淮深）神算運籌謀，破卻吐蕃收舊國，諸蕃納質歸唐化，敢死破殘回鶻賊。」又説：「自從司徒歸闕後（指張議潮入朝長安），有我尚書獨進奏。□節河西理五州，德化恩沾及飛走。天生神將□英謀，南破西戎和掃胡。萬里能令烽火滅，百城黔首賀來蘇。」

河西自從張議潮收復以後，河西人民一直到唐朝的末年再沒有受到周邊少數民族統治階級的奴役，這應當歸功於張議潮和他的後代。

張議潮收復了河隴地區以後，他在和各少數民族統治階級進行不斷鬥爭的同時，還領導了沙州和整個河西人民進行恢復生產的鬥爭。吐蕃占領河西后，為了鞏固自己的統治，曾在這裡大力推行同化政策。所謂「去年中國養子孫，今著氈裘學胡語」[23]。「熊羆愛子，拆襁褓以文身；鴛鴦夫妻，解鬟鈿而辮髮。」[24]就是強迫漢族人民必須服從吐蕃的習慣，將吐蕃的落後的奴隸制統治，強加於漢族人民身上。顯然，這對於社會生產的發展是非常不利的。張議潮在收復了河西以後，很快地就掃除了吐蕃奴隸主統治遺留下的習慣和落後的統治方式。在敦煌石室發現的《張淮深碑》一文，其中曾説到張議潮對河西各族人民「訓以華風」，使之「軌俗一變」，「沙州一郡，人物風華，一同內地」。可見當時沙州人民在趕走了吐蕃的奴隸主以後，已經在漢族先進的封建生產關係下，採用漢族先進的技術和文化來建設自己的家園了。

張議潮領導河西人民的建設，主要是在農業方面。河西自古以來就是一個農業區，從來就是依靠祁連山的雪水來進行灌溉的，要恢復農業生產，就必須進行水利的建設。在敦煌石室中發現的許多文卷中，曾記載了唐末（即張議潮起義以後，由張氏領導河西期間）沙州有很多溝

23　張籍：《張籍詩集》卷七《隴頭行》，中華書局1959年版，第85頁。

24　《陰處士修功德記》，載張維《隴右金石錄》卷二，第41頁。

渠，而且，每一溝渠還有「渠頭」、「斗門」等專門管理渠道人員的設
置，可見水利的建設在沙州是不斷進行著的。這對於農業生產的發展有
很大的作用。當時沙州人民在歌頌張議潮時，有這樣的幾句：

> 三光昨來轉精耀，六郡盡道似堯時。
> 田地今年別滋潤，家園果樹似□脂。
> □中現有十磑水，潺潺流溢滿□渠。
> 必定豐熟是物賤，休兵罷甲讀文書。[25]

這一太平的景像是勞動人民辛勤耕作的結果，但是，我們也不能不承
認張議潮在領導人民進行恢復生產中起了重要的作用。

總之，張議潮領導的沙州人民大起義是一次反對吐蕃奴隸主殘暴
統治的階級鬥爭；正是這一次起義，才使河西人民擺脫了吐蕃奴隸主
的掠奪和奴役，才使河西地區的經濟和文化有進一步的發展。今天我
們評價這一次起義的領袖人物，說他是一個民族英雄，那是當之無愧
的。在敦煌莫高窟中，至今尚保存有《張議潮夫婦出行圖》一幅，原
作高一二〇釐米，長一六四〇釐米，是晚唐時期壁畫藝術的傑作。它
描繪了張議潮收復河西以後，和他的妻子宋國夫人出遊的盛大行列。
圖中不但有盛大的車騎隨從和旗仗鹵簿，而且還有百戲、仗樂、獵狩
及人物的繪畫，前呼後擁，極為壯觀。從這一幅氣勢浩大的圖畫中，
我們也可以看出這位英雄人物的形象。

（原載《甘肅師範大學學報》1979 年第四期）

25　《張議潮變文》，載王重民等編《敦煌變文集》，上冊，第 117 頁。

漫談古絲路的研究

　　關於古絲路的研究，近年以來，隨著改革開放政策的深入人心，已越來越為國內外學者所重視，成為當今學術領域中的一個新的熱點。就我所見，關於古絲路的專著已有十幾種，論文則就更多了，特別要説的是，《絲綢之路》刊物的創辦。《絲綢之路》是至今國內唯一專門刊載有關古絲路研究和弘揚古絲路文化的綜合性雜誌，對推動這一課題的研究起到了極大的作用，這是應當大大地予以讚揚的。

　　所謂「絲綢之路」，按我的理解，它只是一種形象的稱謂。因為中國自古以來就以出產絲綢而聞名於世界，最初又是通過這條陸路通道而傳至西方的，所以人們稱這條陸路通道為「絲綢之路」。這種叫法既貼切，又通俗，更顯得親善友好。但這條通道的開拓與它在歷史上的功績，則不僅僅限於絲綢的西傳，也不僅僅限於中西貿易的往來。近來有些同仁把這條古絲路簡單地歸結為是一條商路，甚至説開闢此路是為了尋找商品市場，於是在中西貿易上大做文章，強調這條通道的商業價值，我以為這是片面的。從有關歷史記載得知，這條道路的開通與繁榮，最重要的還是出於政治、軍事上的需要，而不是出於商業

的目的。張騫「鑿空」，為的是聯絡月氏、烏孫，共同對付匈奴；隋唐長安政權交通西域，是想徹底打垮突厥，解除邊境上的威脅。漢唐兩代也是古絲路歷史上兩個最繁榮的時期，就是在這兩個王朝時期，我們也未見有大量絲綢西運出口的記載。我想，這應當是當時封建的自然經濟體系所決定的。自給自足的個體農戶不可能提供大宗用於交換的絹帛，封建統治者徵收的實物大都是用於養兵、養官和自己的奢侈消費，也不需要進行大規模的貿易交換，根本談不上需要「打通商路」、「開拓市場」的問題。從一些記載來看，古代中原王朝與周邊各族及中亞諸國往來，雖也帶有些經濟方面的性質，如被人們稱道的「朝貢貿易」等等。這種來往，與其說是一種貿易，倒不如說是一種政治交往。就其交換的物品來說，也大多是些奢侈品，都是為雙方統治階級服務的。交換中也不一定是等價的，很難說它是一種具有完全意義的商品。

在古絲路上，官方和民間商業往來當然還是存在的，但不應當被誇大，更不能用今日的條件來衡量古代的事物。絲路開通以後，最令人矚目的應是中原王朝與周邊各族和中亞各國的文化交流。眾所周知的佛教、景教、祆教、伊斯蘭教的傳入，西域音樂、舞蹈的東來，都曾對中國各方面產生了重大的影響。同樣，中原天文學、醫學及造紙術、印刷術、冶鐵術、火藥的西傳，對西域及中亞文明起到了巨大的作用。因此，有些人將這條古代的中西通道又稱之為「中西文化交流之路」，更有人稱之為「宗教之路」，我想這也是貼切的。

絲綢之路的稱呼自十九世紀以來就已為中外學者所熟知，今日我們已沒有必要去改用其他的稱謂。但不論怎樣叫法，這是一條中原王朝人民與周邊各族人民、中亞各國人民友好交往的道路。今日我們研究它，目的就是在於繼承和發揚人民之間的傳統友誼。

　　絲綢之路的研究當今已成為一個專門的學科，這在學術領域可說是一個特例。在學術領域中，所有學科都是以它的研究對象作為學科的名稱，如文學、歷史學、法學、美學，以及數學、化學、生物學、物理學等等。但是，隨著學術研究的深入與發展，現在有些學科卻突破了這個界限，如絲路學、敦煌學，一是以路線名學，一是以地名名學。從嚴格的學科含義來說，這是不太科學的，也因此有人不同意將這兩方面的研究稱之為獨立的學科。但是，實際上近百年來絲路學和敦煌學兩個名稱已為世界各國學者所認同，而且也完全了解這兩學科的研究內容，相約成俗，名為學科亦未始不可。

　　絲綢之路的研究既然是一個學科，那麼它的研究範圍是怎麼定的呢？我想，絲路的研究不應侷限在絲綢貿易上，也不應只研究這條陸路通道的幾種走法，而是應當把研究的領域擴大到中國整個西部及歐、亞古絲路沿邊的各國。它是一門貫通古今、又涉及沿路諸國社會生活各個領域的綜合性學科。

　　自有史記載以來，古絲路至今已有二千多年的歷史。隨著時代的進步，形勢的變遷，沿路各國都有了很大的變化。我們研究絲路，首先就要熟悉這條古通道所經過的山川地理、沿邊各族、各國的政治經濟概況，這是最基本的，也是最重要的。只有掌握這些基本的內容，才能正確理解開闢這條通道的原因、意義，才能深刻體會今日改善這條通道的重大價值。也正是在這一點上，過去的許多學者曾付出了巨大的勞動，作出了重要的貢獻，為我們今日的研究打下了堅實的基礎。

　　其次，我們稱絲綢之路是一專門的學科，還有它自身發展的規律性和階段性。所謂貫通古今，也即是要從歷史的角度來考察古絲路的發展概況。絲路沿邊各族、各國的狀況，如王朝的興衰、民族的遷徙、政治的變革、經濟的發展，無一不影響著這條古通道的興衰。就

中國歷史考察，古絲路上漢、唐兩代的繁榮，魏晉南北朝及宋以後的兩度中衰，都是同中原王朝政治形勢及經濟發展息息相關的。科技的進步、海上絲路的開闢，是宋以後這條陸路古道一度冷落的重要原因。同樣，今日古絲路上重新煥發出無限的生機，進入了一個新的發展階段，這是改革開放政策的一個重要碩果。用歷史的眼光來考察，才能從中得出帶有規律性的論斷，才能顯出其發展的階段性，這更便於我們進一步探討絲路本身的各種問題。

所謂涉及社會生活各個領域，也就是説除了從縱的方面探討絲路發展的歷史以外，還必須從橫向方面更進一步研究絲路沿線各族在不同時期的一些具體問題，諸如語言文學、宗教藝術、文物考古、民風民俗、人物傳記、民間傳説等等。社會是豐富多彩的，絲路上各族、各國人民的活動更是生動活潑、絢麗多姿的。我們就是要將這條古道上各族人民的活動真實地傳達出來，架起一座交流的橋梁，促進各族人民之間的友誼。也正是出於這樣的願望，在我們的研究中，凡是與古絲路有關的人物、事件、遺址、古蹟都是我們的研究對象。古絲路就是通過這些人、物、事而呈現在我們面前的。

研究古絲路，最後必須要強調的一點是：我們的研究目的是在於繼承和弘揚絲路上優秀的歷史文化，促進各族、各國人民之間的友誼；特別是我們現在身居西部，生活在古絲路的必經通道上，這裡不僅有一個研究西部的問題，還有一個宣傳西部、建設西部的責任。漢唐時期，中國西部曾是一個多民族活動的舞臺，也是開發較早、經濟比較發達的地區。可是自宋代以後，由於種種歷史原因和自然條件的限制，逐漸地成了國內經濟發展的滯後地區，古絲路也失去了過去的奪目光彩。在改革開放的今日，中央已作了向西部傾斜、加快西部經濟開發建設的決策，這是千載難逢的機遇。對於我們生活在西部的人來

說，更應珍惜這一機遇，為宣傳西部、開發西部、建設西部作出應有
的貢獻，讓古絲路重新煥發出光輝。

（原載《絲綢之路》1997 年第六期）

《敦煌學輯刊》廿年回顧與展望

　　《敦煌學輯刊》從一九八〇年創刊至今，已經是整整二十年了。在歷史的長河中，二十年只是一瞬間，而對我們這份刊物來說，卻是「廿年辛苦不尋常」。有收穫的喜悅，也有艱難的經歷。《輯刊》能堅持到今日，並取得了一定的成績，應當感謝有關領導的支持，感謝敦煌學研究者的幫助與愛護，特別是要感謝我們研究所中青年同仁的勤奮和不懈的努力。

　　創辦《輯刊》雜誌，這是同蘭州大學歷史系當時整個研究方向的確定緊密地連繫在一起的，是歷史系研究西北歷史文化這一大課題的組成部分。

　　一九七六年「四人幫」被清除以後，遭到嚴重破壞的高等教育面臨著百廢待舉的局面。一九七八年十一屆三中全會的召開，高校開始招生，教學秩序開始走上正規的道路。社會科學這塊園地，由於「左」的路線的長期影響，本來就遭到了嚴重的摧殘，而到「四人幫」橫行時期，更是氣息奄奄，完全成了他們手中的工具，根本沒有科學性可言。在恢復高校教學秩序的同時，在社會科學領域中開拓出一塊值得

我們為之獻身的領地，是所有社會科學工作者的心願，也是擺在蘭大歷史系面前的一個急待解決的課題。正是在這種情況下，全系的老師們經過反覆的討論，終於提出了研究西北歷史和义化的方向。

西北歷史與文化研究的提出，是與蘭大歷史系自身的主客觀條件連繫在一起的。在討論中，我們清醒地意識到蘭大文科在國內的地位。蘭大文科幾經分合，加以多年來多種運動的干擾，無論在人才培養和研究條件等各個方面，都遠遠落後於沿海及東邊的許多院校，要我們從事全國性的大型課題的研究，既沒有能力，也沒有條件，無法與他們競爭。只有揚長避短，抓住西北地區史地及文化的研究，做一些踏踏實實的工作，鍛鍊出一支隊伍，積累起一批資料，取得一些成績，然後才能爭取與一些知名院校分頭並進。更何況西北歷史文化這一課題有廣闊的天地，足以容納全系甚至全校各方面的研究人才。我們曾經作過排比，以中國史而言，具有優勢的課題有：新石器時代的彩陶文化，漢晉遺簡的大量發現，長城遺址和石窟寺的考古，敦煌、吐魯番文書的整理與研究，古代和近代西部民族宗教的狀況；就世界史而言，俄國與蘇聯史的研究，中亞歷史文化的研究，中西交通史和絲綢之路的研究，等等，都是非常有意義的。將這些課題聯在一起，這就是中國西北地區以及與西北地區毗鄰的一大塊地盤上的歷史與文化的研究。它不僅地域廣，民族多，而且在自然及人文兩方面都富有鮮明的特色。這也就是後來我們經常説到的：「利用地區優勢，做好西部文章。」

在取得共同認識的基礎上，於是在歷史系組建了漢簡、敦煌、中亞、蘇聯、民族等研究小組。一九七九年元月，敦煌學研究小組成立，之後又正式更名為敦煌學研究室。為了要開展敦煌學的研究，我們邀請了敦煌文物研究所的段文杰先生、甘肅省圖書館的周丕顯先生

給歷史系的研究生及青年教師開設有關這方面的課程。段文傑先生開設過《敦煌石窟藝術》一課，周丕顯先生開設過《敦煌遺書概論》、《史部目錄學》兩課。我亦開設過《隋唐史料學》、《河西史》、《漢唐職官制度》等課程。希望通過這些課程能培養起青年同仁對敦煌學的興趣。

在開設課程的同時，我們深感到要真正推動敦煌學的研究，弘揚古代西部的文化，沒有一塊園地，就不可能引起社會的廣泛注意和支持，更談不上有豐碩的成果。因此，我們希望能有一份自己的刊物，用以交流信息，促進學術研究。這一設想得到了學校有關領導的支持。於是，在沒有經費、沒有公開出版刊號的情況下，徵得《蘭州大學學報》的同意，以增刊的形式發表了我們研究室及敦煌文物研究所一些同仁的文章，這就是一九八〇年二月出版的這期敦煌學專刊。我們把這一期專刊又叫《敦煌學輯刊》，意思是把一個階段的研究成果能輯錄在一起，便於積累和查閱。因為是以增刊方式出版的，所以只能是不定期的。我們當時的想法是：如能一年刊出一期，那也就非常滿意了。按這一設想，我們從一九八〇年至一九八二年三年中先後出了三期。《輯刊》所載的文章，當然主要是敦煌遺書和石窟寺藝術研究兩個方面。但在實際工作中，我們深知敦煌學所涉及的面很寬，不僅是要研究敦煌這一地區的歷史與文化，還必須要從更廣闊的領域中去探討和研究，如西北地區的史地、西北地區的民族宗教、古代的中西交往和絲綢之路、吐魯番及和闐地區發現的古文書、西北地區的漢晉簡牘，都是和敦煌的歷史文化緊密地連繫在一起的。敦煌的遺書和石窟藝術，只是古代西北地區歷史文化的一個組成部分。所以我們從一開始就把弘揚敦煌文化藝術與古代西北地區的史地研究作為刊物登載的內容。一直到現在，我們仍堅持這一方向。

當我們開設課程、組織人力進行研究，並出版刊物的時候，適逢

高教部領導率領了部內許多同仁來西北考察。部領導對於我們要開展西北地區歷史文化研究，特別是要進行敦煌學的研究給予了充分的肯定和鼓勵。此後，由高教部挑頭，與研究敦煌學的許多學者連繫，籌備成立中國敦煌吐魯番學會。一九八三年八月，中國敦煌吐魯番學會成立大會在蘭州隆重召開，這極大地促進了國內敦煌學的研究。不久，我們的《輯刊》也被批准為公開發行的學術刊物。這是國內第一份專門刊登敦煌學研究成果的雜誌。

由於中國敦煌吐魯番學會的支持與幫助，加以學校領導的重視，歷史系的敦煌學研究室這時開始有了較大的發展，一是在學會支持下，購置了一批圖書資料，成立了「中國敦煌吐魯番學會蘭州大學閱覽室」，使我們具備了敦煌學研究的基本資料；二是校系領導給研究室先後調來了一批青年同仁，大大增強了研究室的力量。為了加強對青年同仁的培養，我們還先後邀請了首都師範大學寧可教授、武漢大學陳國燦教授等來校講課。我們後來還曾送一批青年教師去北京、上海、杭州等地進修，有兩位同仁曾被送去倫敦查閱淪落英國的卷子。與此同時，我們申請到國內第一個敦煌學方向的碩士點，並將一年一期的《輯刊》增加為一年兩期。

這裡特別要提出的是：我們非常感謝當時的校長胡之德教授，是他多方爭取，給研究室爭得了亞洲基督教基金會的一筆資助；使室內同仁得以出外收集資料，購置了一些設備，也使《輯刊》的經費得到了補貼。

有發展，也必定有困難，這是一切事業發展的必然規律。在二十世紀八〇年代後期和九〇年代初期，我們也經歷了許許多多的曲折和波動。商品經濟大潮的猛烈衝擊，個人利益和前途的選擇，家庭問題的牽累，以及各種關係的衝撞與磨合，使調入我們研究室的同仁先後

又一個個離去。這樣在留下的同仁中，既要從事沉重的教學、科研工作，又不得不擔負起《輯刊》編輯、校對、刊印、發行等辦雜誌所有的責任，擔子是越來越重了。

不僅如此，《輯刊》是專門刊載敦煌學以及與之相關學科研究成果的雜誌，專業性很強。這本應該是件好事，可是，專業性強也有其負面的效應：一是因為專業性強，發行面狹，必然造成虧損，每期都需補貼；二是也因專業性強，研究人員不多，稿源亦逐漸減少了。在《輯刊》剛創辦時，關於敦煌學方面的專刊只我們一家，當時稿酬雖低，但來稿甚多。

而到後來，刊載敦煌學的定期的和不定期的雜誌大大增多了，如敦煌研究院的《敦煌研究》，北京大學曾出版了多期的《敦煌吐魯番文獻研究論集》，武漢大學有《敦煌吐魯番文書初探》及《二編》，廈門大學有《敦煌吐魯番出土經濟文書研究》等等。這樣，稿件來源就逐漸減少了。人力、經費、稿源等問題，近年來一直是我們雜誌面臨的困難。

困難是具體的、實在的，如何對待面臨的困難，這也就是擺在研究室同仁面前必須解決的問題。欣幸的是同仁們在困難面前沒有退縮，相反的，它更激起我們要辦好雜誌的信心。除了自己勤奮研究、努力寫作之外，我們通過雜誌與學術界同仁們廣泛連繫，四方徵稿，求得他們的支持，用以保證刊物的質量。我們還組織在校的研究生參加雜誌的編輯、校對的工作，並在老師的指導下，共同進行課題的研究。在近幾年來，鄭炳林、陸慶夫、杜斗城、馮培紅等同仁都曾付出了辛勤的勞動。這份雜誌能堅持辦下來，應當感謝這些同仁的貢獻。

回顧這份雜誌的歷程，我們雖曾遇到過許許多多波折和困難，但也獲得了豐碩的成果。對於我們研究室來說，通過辦刊，培養了一批

人才。他們既要擔負繁重的教學與科研任務，還承擔了《輯刊》的編輯、刊印等許多具體事務。通過《輯刊》與學術界有了廣泛的連繫，擴大了視野，學到不少新知識，提高了我們的水平。這幾年來，我們研究室的同仁人數雖然不多，卻不斷出版了《敦煌吐魯番文獻研究》、《敦煌歸義軍史專題研究》等集體成果。粗略統計，我們研究室的同仁所出的個人專著有二十餘部，論文三百餘篇。這些都是與創辦《輯刊》，鍛鍊出一支隊伍分不開的。

也正是在不斷的奮進中，我們把研究室擴大為研究所，並與敦煌研究院合作，共同申請獲得敦煌學的博士學位授予點，一九九九年底又被批准列入首批教育部人文社會科學重點研究基地。這為今後學術基地的建設和發展鋪平了道路，也為辦好《輯刊》創造了有利的條件。

敦煌是中國古代文化藝術的寶庫，創辦《輯刊》，目的就是要向國內外宣傳祖先遺留給我們的這份優秀遺產。通過這份刊物，我們結識了許多國內外學者。有許多國內外人士，就是因刊物而了解敦煌，並西來遊覽參觀，有的還因此走上了獻身於研究敦煌學的道路。《輯刊》不僅起到了弘揚祖國優秀文化遺產的作用，同時，敦煌在祖國西北部的甘肅省，也為介紹西北、宣傳甘肅、建設甘肅作出了貢獻。

《輯刊》創辦已經二十年了。二十年來，有收穫，也有波折。在當今改革開放的大好形勢下，在中央政策向西部傾斜、提出西部大開發的有利條件下，我們有一批年富力強的中青年同仁隊伍，有學校領導的有力支持，展望未來，我們仍充滿信心，一定會將刊物辦得更好！

（原載《敦煌學輯刊》2000 年第一期）

編後記

　　浙江大學出版社編輯出版「浙江學者絲路敦煌學術書系」，其中齊陳駿先生的《敦煌學與古代西部文化》，劉進寶教授責成我來擔任責任編委。作為齊老師的學生，當然責無旁貸。書稿的編輯主要做了兩件事：一是加注了引文的詳細出處，並請我的博、碩士研究生協助核查了全書的所有引文；二是對書中有些現已不用的地名，一律改作今名，特此說明，同時在每篇論文的後面註明了出處。感謝浙江大學出版社出版此套叢書，特別是劉進寶教授的多次聯絡、指導和張小蘋博士的辛勤勞動，以及幫助核對書中引文的蘭州大學諸位研究生！

馮培紅

2015 年九月 19 日於蘭州

地域文化研究叢書‧敦煌文化研究叢刊　A0204004

敦煌學與古代西部文化　下冊

作　　　者　齊陳駿
版權策畫　李煥芹
責任編輯　曾湘綾

發 行 人　陳滿銘
總 經 理　梁錦興
總 編 輯　陳滿銘
副總編輯　張晏瑞
編 輯 所　萬卷樓圖書股份有限公司
排　　版　菩薩蠻數位文化有限公司
印　　刷　百通科技股份有限公司
封面設計　菩薩蠻數位文化有限公司

出　　版　昌明文化有限公司
桃園市龜山區中原街 32 號
電話 (02)23216565
發　　行　萬卷樓圖書股份有限公司
臺北市羅斯福路二段 41 號 6 樓之 3
電話 (02)23216565
傳真 (02)23218698
電郵 SERVICE@WANJUAN.COM.TW
大陸經銷
廈門外圖臺灣書店有限公司
　電郵 JKB188@188.COM

ISBN 978-986-496-458-1

2019 年 3 月初版
定價：新臺幣 360 元

如何購買本書：

1. 轉帳購書，請透過以下帳戶
　合作金庫銀行　古亭分行
　戶名：萬卷樓圖書股份有限公司
　帳號：0877717092596
2. 網路購書，請透過萬卷樓網站
　網址　WWW.WANJUAN.COM.TW

大量購書，請直接聯繫我們，將有專人為您
服務。客服：(02)23216565 分機 610

如有缺頁、破損或裝訂錯誤，請寄回更換
版權所有‧翻印必究
Copyright©2019 by WanJuanLou Books CO., Ltd.
All Right Reserved　　　　　Printed in Taiwan

國家圖書館出版品預行編目資料

敦煌學與古代西部文化 下冊 / 齊陳駿著. --
初版. -- 桃園市：昌明文化出版；臺北市：
萬卷樓發行, 2019.03
　冊；　公分

ISBN 978-986-496-458-1(下冊：平裝)
1.敦煌學　2.文化史

797.9　　　　　　　　　　108003198

本著作物經廈門墨客知識產權代理有限公司代理，由浙江大學出版社授權萬卷樓圖書股份有限公司出版、發行中文繁體字版版權。
本書為真理大學產合作成果。　　　　　校對：鄭淳丰／臺灣文學系四年級